ニュースキャスター

膳場貴子のスピリチュアル政治対話

Zenba Takako

守護霊インタビュー

大川隆法

RYUHO OKAWA

まえがき

膳場貴子《ぜんばたかこ》キャスターには、まだ駆け出しの頃から注目していた。NHKからTBSに足場を移して、ますます重みを増しつつあるのではないかと思っている。前回、『筑紫哲也の大回心』を出版した関係で、霊的にも緊密につながってきたようだ。

今回、特別に膳場キャスターの守護霊にもご登場願ったのは、勿論《もちろん》、当方に何らかの批判や悪意があってのことではない。私共が、マスコミ界全体を悪魔的なものと観《み》ているわけではなく、天使的な存在として活躍されている方もいるのではないか、という考えも持っていることを実証するためでもあった。

ミッションスクールに通われたご経験から、宗教に関心・共鳴を示された点はとてもうれしく思うが、仕事柄ご迷惑をおかけする点があったなら、私のほうの認識力不足と言って下さって結構である。今後、ますますのご活躍をお祈り申し上げる。

二〇一三年　六月二十八日

幸福実現党総裁《こうふくじつげんとうそうさい》　大川隆法《おおかわりゅうほう》

ニュースキャスター 膳場貴子のスピリチュアル政治対話　目次

ニュースキャスター　膳場貴子《ぜんばたかこ》のスピリチュアル政治対話

――守護霊《しゅごれい》インタビュー――

二〇一三年六月二十七日　収録
東京都・幸福の科学総合本部にて

2　「国防政策」に関する取材攻勢《こうせい》　26

3　「マスコミの良心」を語る　58

4

「憲法改正」についての見解　85

7　広報戦略へのアドバイス　161

「霊言現象《れいげん》」とは、あの世の霊存在の言葉を語り下ろす現象のことをいう。これは高度な悟《さと》りを開いた者に特有のものであり、「霊媒現象《れいばい》」（トランス状態になって意識を失い、霊が一方的にしゃべる現象）とは異なる。外国人霊の霊言の場合には、霊言現象を行う者の言語中枢《ちゅうすう》から、必要な言葉を選び出し、日本語で語ることも可能である。

また、人間の魂《たましい》は原則として六人のグループからなり、あの世に残っている「魂の兄弟」の一人が守護霊《しゅごれい》を務めている。つまり、守護霊は、実は自分自身の魂の一部である。したがって、「守護霊の霊言」とは、いわば本人の潜在《せんざい》意識にアクセスしたものであり、その内容は、その人が潜在意識で考えていること（本心）と考えてよい。

なお、「霊言」は、あくまでも霊人の意見であり、幸福の科学グループとしての見解と矛盾《むじゅん》する内容を含《ふく》む場合がある点、付記しておきたい。

ニュースキャスター
膳場貴子《ぜんばたかこ》のスピリチュアル政治対話

――守護霊《しゅごれい》インタビュー――

二〇一三年六月二十七日　収録

東京都・幸福の科学総合本部にて

膳場貴子《ぜんばたかこ》（一九七五〜）

フリーアナウンサー（元ＮＨＫアナウンサー）。東京生まれ。幼少期を西ドイツ（当時）で過ごす。女子学院中学校・高等学校を卒業後、東京大学文科Ⅲ類（文学部）に入学したが、大学三年になる際、東大医学部健康科学・看護学科に進学した。卒業後はＮＨＫに入局し、「プロジェクトＸ《エックス》」の司会等を担当。その後《ご》、フリーとなり、ＴＢＳ「筑紫哲也《ちくしてつや》ＮＥＷＳ《ニュース》23《ツースリー》」のサブキャスターに就任、現在は「ＮＥＷＳ23」のメインキャスターを務めている。

質問者　※質問順

矢内筆勝《やないひっしょう》（幸福実現党党首）

及川幸久《おいかわゆきひさ》（幸福実現党外務局長）

加藤文康《かとうぶんこう》（幸福実現党総務会長）

黒川白雲《くろかわはくうん》（幸福実現党政調会長 兼《けん》 出版局長）

小松由佳（ＨＳ政経塾生）

饗庭《あえば》直道《じきどう》（幸福実現党広報本部長）

［司会］　里村《さとむら》英一《えいいち》（幸福の科学専務理事・広報局担当）

［役職は収録時点のもの］

1 「優等生タイプ」の膳場貴子《ぜんばたかこ》キャスター

霊言《れいげん》収録に乗り気だった膳場貴子守護霊《ぜんばたかこしゅごれい》

大川隆法　前回（二〇一三年六月二十五日）、ビートたけしさんの守護霊霊言《しゅごれいれいげん》を収録しましたが（『ビートたけしが幸福実現党に挑戦状《ちょうせんじょう》』〔幸福実現党刊〕参照）、収録後、やや後味が悪く、デモーニッシュな雰囲気《ふんいき》、日本語で言えば、悪魔《あくま》的な雰囲気が残り、マスコミに、「悪魔」というイメージが付いてしまいました。

ただ、幸福実現党はマスコミ全部を敵にしたいわけではありませんし、マスコミについて、よいイメージも少しは残してあげないと、幸福実現党を応援《おうえん》してくれるところがなくなるかもしれません。

そこで、「『NEWS23《ニュースツースリー》』で筑紫哲也《ちくしてつや》さんの後を継《つ》いでいる膳場貴子《ぜんばたかこ》さん（守護霊）を出せば、多少、天国的なイメージが出るのではないか」と考えた次第《しだい》です。

実は、膳場さんの守護霊は、数日前までは霊言収録にかなり乗り気でした。そして、ちょうどビートたけしさんの守護霊霊言を収録した日に、膳場さんの守護霊は霊言をしに出てくるつもりだったのです。

ところが、「ビートたけしさんの守護霊霊言を収録してほしい」という声が男性陣《じん》から上がってきたため、順番を入れ替《か》えられてしまいました。それ以降、膳場さんの守護霊は、あまり気分がよくないらしいのです。

順番を変えられると、やはり気分が悪いものなのでしょうか。

里村　膳場さんは、ビートたけしさんを、あまり好きではないのかもしれません。このお二人は選挙特番で一緒《いっしょ》に番組に出たこともあるのですが、膳場さんにとって、ビートさんは好きなタイプではないかもしれないのです。

大川隆法　好きなタイプではないでしょうね。

ビートたけしさんは「壊《こわ》したいタイプ」ですし、膳場さんは「優等生で売りたいタイプ」なので、合わないでしょう。

膳場さんの守護霊は、以前は霊言収録に協力的な雰囲気だったのに、昨日《きのう》は、少しごねて、「キャスターとしてのキャリアにプラスになるのならよいのですが、マイナスになるのなら嫌《いや》です」と言い始めました。その点について、表面意識（地上の本人の意識）と同通してきたのかもしれません。

「『大川隆法総裁への独占《どくせん》インタビュー』なら、キャリアとして残りますが、『弟子《でし》を有名にして、選挙で当選させる』ということに協力するのでは、私の立場が悪すぎます」と言って、少しごね始めたので、昨日、私も少し困ってはいたのですが、今日は出てきてくれると思います。

将来、「政治家転身」の可能性がある膳場キャスター

大川隆法　幸福実現党は、全般《ぜんぱん》的には、いまだ公的に評価されていないので、今回は、政治問題などについて、中身のある話ができればよいと思います。「生放送」ではなく、あとで編集が可能なので、いろいろな話をしてみましょう。

膳場さんの守護霊にとって、今回の収録には、テレビ番組のイメージがあるのでしょうが、こちらが用意するメンバーに対し、「番組が成り立つほど、一人が長く話せるとは思えない。一人当たり数分が限度ではないか」という言い方をしていたので、質問者として、ある程度の数の人を用意しました。

どこまで行くでしょうか。「膳場貴子・七番勝負」や「十番勝負」まで行くのでしょうか。「膳場貴子・十人斬《ぎ》り」と言ったら、別の意味でヒットする可能性

もあります（会場笑）。そうなると、すごいかもしれませんが、実際にどのようになるかは、やってみないと分かりません。

膳場さんが個人的にどういう思想を持っているか、不明です。著書を出していないようなので、はっきりとした考えは、よく分からないのです。

ただ、「上昇志向《じょうしょう》」を持っておられると思うので、政治家転身の声がかかるのを待っている可能性もあります。「絶妙《ぜつみょう》なタイミングがあれば」ということのような気がするので、その意味では、彼女の興味・関心は私たちと似たところにあるのかもしれません。

幸福実現党の矢内《やない》党首は「脳細胞《さいぼう》が大きい」？

大川隆法　膳場さんの守護霊と対話するのは、まず矢内《やない》党首からです。

前回の収録（ビートたけしの守護霊霊言）では、矢内党首について、釈量子《しゃくりょうこ》さん（幸福実現党女性局長）が、再現の難しい、すごい表現をしていました。党首の脳は……。何と言いました？

里村 「粗《あら》い」と（笑）。

大川隆法 「粗い」までは表現としてありうる範囲《はんい》ですが、そのあと〝ロット〟と？

里村 「脳細胞《さいぼう》が〝ロット単位〟でできている」と。

矢内 「器《うつわ》が大きい」と言って……。

大川隆法　「ロット単位」というのが私にはよく分からないのですが、コンテナのようなものをぶら下げているイメージを少し感じました。

矢内　たぶん、「一つひとつの細胞が大きい」というイメージなのだと思います。

大川隆法　コンテナが一個入っているような脳細胞？

矢内　一つではなく複数かと思うのですが。

大川隆法　ああ、なるほど（笑）（会場笑）。

里村　脳に余計なしわがないのです。

大川隆法　なるほど。

里村　（笑）

フィールドワーク風にマスコミ人を調べる必要がある

大川隆法　今回、膳場さんの守護霊との対話相手として選ばれた人たちが、それにふさわしいかどうか、分かりかねるのですが、（膳場守護霊に）なるべく〝成《じょう》仏《ぶつ》〟してください。不《ふ》愉《ゆ》快《かい》に感じられましたら、お許しを願いたいと思います。

膳場さん本人は、なかなか、ここに来てインタビューをしてくれたりはしないと思いますが、今回、インタビューを受けた人が、参議院議員などになれば、「先見の明《めい》があった」として、あとで彼女の評価が上がることもあるでしょう。

また、彼女（守護霊）と話をすることで、幸福実現党が急に注目されるかもしれません。そのへんは、お互《たが》い様です。

幸福の科学は政治について研究中ですが、「マスコミについても研究しなくてはいけない。マスコミの生態研究をしないと、政治のほうで障害を乗り越《こ》えられないのではないか」と感じています。その意味では、フィールドワーク風に、いろいろなマスコミ人を調べてみる必要があると思います。

ニュースキャスター膳場貴子氏の守護霊を招霊《しょうれい》する

大川隆法　では、膳場さんの守護霊を呼んでみます。

私が公開の場で女性霊の霊言を収録したことは、それほど多くありませんが、サッチャーさんの霊言を死の直後に収録するなど（『サッチャーのスピリチュアル・メッセージ』〔幸福の科学出版刊〕参照）、あることはあります。

私の姿で膳場さんの守護霊霊言を行うので、多少、申し訳ないのですが、私の周囲にいる人たちには、「膳場さんの過去世《かこぜ》のなかに男性がいないわけがない」という意見もあります。仮にそうだとしても、膳場さんの守護霊は、断固として、それを隠《かく》すと思われます。やはり、女性でなければいけないでしょう。

始めます。（司会者や質問者たちに）よろしくお願いします。

（合掌《がっしょう》し、瞑目《めいもく》する）

「NEWS23」で、筑紫哲也さんのあとを継ぎ、メインキャスターをしておられます、膳場貴子キャスターの守護霊をお呼びしたいと思います。

（約二十秒間の沈黙《ちんもく》）

2 「国防政策」に関する取材攻勢《こうせい》

今日は「未来の首相候補」へのインタビュー

膳場貴子守護霊　膳場でございます。

里村　おはようございます。

膳場貴子守護霊　おはようございます。

里村　膳場さん、今日は朝からありがとうございます。

膳場貴子守護霊　朝は苦手なんですけどね。

里村　すみません。夜の本番が終わったばかりで……。今日は、ちょっと特別な〝スタジオ〟に来ていただきました。

膳場貴子守護霊　ああ、そうですか。ここはスタジオなんですね。

里村　今日は、幸福実現党の幹部の〝首実検《くびじっけん》〟と申しますか……。

膳場貴子守護霊　いや、そんな……。そういう失礼な言葉を私は使いません。「未来の首相候補へのインタビュー」でございますね？

里村　あ！　ありがとうございます。

膳場貴子守護霊　ええ。

里村　それでは、一人ずつ、いろいろと質問させていただいたり、逆に質問をお受けしたりして、話を進めさせていただきたいと思います。

膳場貴子守護霊　私もまだ一人前ではございませんので、「インタビューの練習をさせていただく」と考えております。

里村　いえいえ、「NEWS《ニュース》23《ツースリー》」では、今、メインキャスターで……。

膳場貴子守護霊　私は、「力を付けて、総理や重要閣僚《かくりょう》などに一対一でインタビューでき、話ができるぐらいまで成長したい」とは思っているんですけれども、なかなか……。

里村　いやいや、もう十分な……。

膳場貴子守護霊　まだまだ、脇役《わきやく》に毛が生えたような状態でございまして……。

里村　とんでもないです。こちらこそ、よろしくお願いいたします。

膳場貴子守護霊　いえいえ。

矢内党首のイメージは「海で暮らすスポーツマン」

里村　それでは、まず、一人目として、幸福実現党党首の矢内筆勝《ひっしょう》を紹介《しょうかい》させていただきたいと思います。

矢内党首、よろしくお願いいたします。

矢内　ご紹介いただきました、党首の矢内でございます。今日は、よろしくお願いいたします。

膳場貴子守護霊　初めまして。

矢内　初めまして。光栄でございます。ありがとうございます。

膳場貴子守護霊　とっても凛々《りり》しくあられて……。

矢内　ありがとうございます。

膳場貴子守護霊　スポーツマンで、海で暮らしておられるようなイメージを受けます。

里村　海で暮ら……（会場笑）。本来、永田町《ながたちょう》で暮らすイメージを持っているのですが……。

膳場貴子守護霊　葉山《はやま》でヨットに乗っていらっしゃるんですかね。

里村　葉山（笑）。

沖縄《おきなわ》県民は自分たちを、「当然、日本人だ」と思っている

矢内　三、四日前、私は尖閣《せんかく》諸島に行っていたのです。中国が公船で領海侵犯《しんぱん》を繰《く》り返しているので、沖縄《おきなわ》に選挙応援《おうえん》に行ったついでに、尖閣で抗議《こうぎ》活動をしてまいりました。

膳場貴子守護霊　そうですか。沖縄のイメージは、いかがでございましたか。相変わらず、報道されているような状況《じょうきょう》ですか。

矢内　中国が、尖閣だけではなく、沖縄本島についても、「自分たちの領土であ

る」と言い始めましたので……。

膳場貴子守護霊　それについては、沖縄のみなさんもご存じだと思うんです。

矢内　そうですね。

膳場貴子守護霊　沖縄のみなさんだって、少しは聞いておられると思うんですが、中国から、そう言われることに関して、沖縄のみなさまは、どう思っていらっしゃるんですか。

矢内　一般《いっぱん》の県民の方は、自分たちを、「当然、日本人だ」と思っています。

膳場貴子守護霊　「『日本人だ』と思っている」と言っていらっしゃるんですか。

矢内　ええ。「日本からの独立」のことを言っているのは、偏《かたよ》った一部の人々と、それに呼応したマスコミだけです。

膳場貴子守護霊　そうですか。

矢内　沖縄には二大新聞があるのですが、一部のマスコミが主導し、そういう雰《ふん》囲気《いき》を中国と一緒《いっしょ》になってつくっているのが現状です。

沖縄《おきなわ》の仲井眞《なかいま》知事は政局等の〝震源地《しんげんち》〟

膳場貴子守護霊　仲井眞《なかいま》知事の本当の狙《ねら》いは何なのでしょうか。ずいぶん政府を困らせているように見えるんですけど。

矢内　そうですね。ただ、水面下では、今の自民党と、普天間《ふてんま》基地の辺野古《へのこ》移設に向け、いろいろなかたちで手を握《にぎ》ってはいるようです。

膳場貴子守護霊　すごく分かりにくいですね。

矢内　そうだと思います。ただ、沖縄《おきなわ》県にとっては、「政府から、どれだけ多く助成金等を引き出せるか」が大事であり、それが仲井眞知事の仕事だろうと思うので、水面下で……。

膳場貴子守護霊　私は、民主党政権時代の政局も含《ふく》め、本当に、この仲井眞さんが震源地《しんげんち》のようなところもあるように思います。この人が、違《ちが》う人、別のタイプの人だった場合には、歴史が変わっている可能性がありますよね。

自民党の味方をするかのように思われて、知事に選ばれたところがあるのに、実際には、どちらの味方とも分からないような人でしたね。

矢内　そうですね。沖縄県には特に大きな産業があるわけではないので、「なるべく多くのお金を中央から引き出す」ということが、県の政治、県政全体の一つのかたちになっています。

今回の沖縄問題の根底にあるのは、民主党政権になったとき、国として、どうやって、沖縄県を、しっかりと……。

膳場貴子守護霊　例えば、尖閣に中国軍が上陸した場合、仲井眞知事は、どうなさると思いますか。

矢内　上陸した場合ですか。

膳場貴子守護霊　上陸は実際にありうるでしょう。今は近くを通りに来ていますけども、ある日、突然《とつぜん》、本気で上陸してきた場合、仲井眞知事は、どうなさると思いますか。

矢内「知事がどうするか」というより、これは政府の判断によらなくてはいけない問題ですね。

膳場貴子守護霊　政府の判断で、そのまま、やれるんですか。尖閣は「沖縄県の

「一部」ということになっているわけですけど。

矢内　政府の思い一つだと思います。今、県に対して、かなり、おもねっている部分があります。特に民主党政権のときには、「政府の姿勢は、いったい、どうなのか」というところが問われたのだと思います。

中国や北朝鮮《きたちょうせん》の基地に届く抑止《よくし》用ミサイルの是非《ぜひ》

膳場貴子守護霊　産経新聞には、「防衛省は、『沖縄本島に短距離《たんきょり》ミサイルを配備し、それを尖閣周辺での有事に対する抑止力《よくしりょく》として使いたい』と考えている」というような記事が載《の》っていました。また、「ミサイルが韓国《かんこく》にまで届くことになると、韓国が警戒《けいかい》するから、韓国には届かない所に短距離ミサイルを配備する」というようなことも書かれていました。

これについて、仲井眞さんがどう考えるか、分かりませんけれども、あなたは、どうお考えですか。

矢内　この短距離ミサイルは、だいたい四百キロぐらいの射程なので、沖縄本島から発射して、せいぜい、「尖閣に届くかどうか」という程度です。したがって、これは尖閣での紛争《ふんそう》を想定しての配備です。

しかし、私としましては、やはり、中国や北朝鮮《きたちょうせん》のミサイル基地等に届く中距離ミサイルについても、配備を検討すべきであると考えています。

ただ、この短距離ミサイルの配備自体には、今までより一歩か二歩、進んだ部分があるので、それでよいと思います。

膳場貴子守護霊　これを、中国の公船に対して、本当に当てるつもりがあるんでしょうか。それとも、近くの海に落として、威嚇《いかく》するつもりなんでしょうか。どう思います？　首相官邸《かんてい》が最初に出す命令は、どちらだと思いますか。

矢内　向こうの公船に対しては、まず、抑止力として使うだろうと思います。

膳場貴子守護霊　「抑止」ということは、「近くの海に落とす」ということですか。

矢内　最初から公船に当てるのは難しいでしょう。

膳場貴子守護霊　公船の進行方向の前方にボチャンと落として、「それ以上、こちらに来たら、当てるぞ」ということを示すわけでしょうか。

矢内　二〇一六年以降は中国の空母機動部隊が出てくるので、それを想定している部分があります。

膳場貴子守護霊　あなたがたとしては、ミサイルを北朝鮮に撃《う》ち込《こ》めないと困るのではないですか。

矢内　北朝鮮についても、もう「待ったなし」だと思います。

膳場貴子守護霊　もちろん、短距離ミサイルであっても、移動式だったら、何かに積み込んで北朝鮮の近くまで運べば、撃てるんでしょう?

矢内　ですから、日本は、中国と北朝鮮の両方をしっかりと見据《みす》えた防衛体制を、つくらなくてはいけません。中国にも北朝鮮にも、ミサイルを発射する基地があるので、そこにしっかり届く抑止用のミサイルを所有し、配備する必要がありま す。そういう態勢を早めに取らなくてはいけないのです。

暴力を抑止《よくし》する力を持たなければ「平和」を維持《いじ》できない

膳場貴子守護霊　御党《おんとう》（幸福実現党）が非常に勇敢《ゆうかん》なことは、誰《だれ》もが存じ上げているんですけども、実際に戦争の開始を積極的に望んでおられるのでしょうか。それがマスコミにとって関心のあるところだと思うんですよね。

私はＮＨＫ出身なので、ＴＢＳでキャスターを務めてはいても、「ズバリ毎日新聞系」という考え方ではないんですけれども、毎日の本社等は、最近、某《ぼう》週刊誌にも出たように、「実際に戦争をするぐらいなら、島なんか、あげてしまえ」というような路線を出しやすい体質を持っていると思われます。まあ、弱いですよね。そういう弱腰《よわごし》的な面を持っているのではないかと思うんです。そういうマスコミに対して、どのようにおっしゃいますか。

矢内　幸福実現党は、もちろん、国防を前面に出しています。立党当時も今も、ある程度、国防を強く打ち出しています。

何のために国防強化をしっかり提言しているのかというと、それは、やはり、国民のみなさまが幸福になるため、国民の幸福を実現するためです。

では、国民の幸福とは何かというと、それは、「国が豊かであり、平和である」ということです。

膳場貴子守護霊　この「平和」のところが問題なんでしょうね。

矢内　国民が「豊かさ」と「平和」を享受《きょうじゅ》できなくてはなりません。あと、「誇《ほこ》りを持てる」ということもあるのですが、基本的には、豊かで安心して暮らせる国をつくらなくてはいけないのです。

経済が繁栄《はんえい》するためには、まず、国が平和でなくてはいけません。これは大前提です。ただ、その平和を実現するためには、必要なものがあります。現実に他国が暴力をもって侵略などをしようとしている場合、その暴力を抑止《よくし》する力を持たなければ、平和を維持《いじ》できないのです。

中国が尖閣《せんかく》以外に先島《さきしま》諸島や沖縄《おきなわ》本島も狙《ねら》っている現実

膳場貴子守護霊　抑止はよろしいんですけれども、例えば、先ほど言いましたように、「突如《とつじょ》、中国軍が尖閣《せんかく》に上陸した。一夜《いちや》にして島に上陸されてしまった」という場合、「島に短距離ミサイルを撃ち込むことが抑止になるかどうか」という問題が別途《べっと》あると思うんですよね。

戦端《せんたん》を開《ひら》くと、戦線が拡大することがありうるわけです。

あなたが今おっしゃっている平和が、「抑止による平和」という意味であれば、抑止できているときには平和が成り立つかもしれないけど、いったん戦端を開いてしまった場合には、いったい、どうなるのですか。戦争がもっともっと大きくなっていくのだったら、ますます悲惨《ひさん》なことになります。

一点、こういう問題があります。

そして、もう一点、述べると、沖縄《おきなわ》には、先の大戦で、二十万以上の人を死なせてまで、本土防衛のために、その身代わりになった面がございますけども、「沖縄に対し、『再度、日本防衛のための犠牲《ぎせい》になれ』と言うのか」という声があると思うんですね。

この二点に対して、明快なお答えが必要なのではないかと思うんです。

矢内　まず、「なぜ尖閣を守らなくてはいけないか」ということを述べます。

尖閣で魚釣島《うおつりしま》などの島を幾《いく》つか取ることだけが、中国の目的ではありません。中国は明確に海洋戦略を立てており、もし尖閣を取ったならば、おそらく、ほぼ同時期に先島《さきしま》諸島も取りに来ると思います。ここには、すでに航空基地もありますし、港湾《こうわん》もあるので、そこを取れば、一つの巨大《きょだい》な軍事基地を完全に手に入れられます。それを足場にして、今度は沖縄本島を取りに来ます。

ここでアメリカとの駆《か》け引きもあると思いますが、今の流れでは、もし中国が強大な軍事力を持っていたならば、アメリカが兵を退《ひ》く可能性もあります。

そうなったとき、日本はどうなるかというと、シーレーンを中国の海軍に押《お》さえられる可能性があります。これを取られてしまえば、もう日本にはエネルギーも食料も入らなくなり、経済活動がまったくできなくなってしまいます。この段階で、日本は、「中国に屈服《くっぷく》しなければいけない」という状況になるのです。

「軟《やわ》らかい土を掘《ほ》れ。硬《かた》い土は掘るな」が中国の体質

膳場貴子守護霊　どこまで反撃《はんげき》すれば、中国は、白旗を揚《あ》げるといいますか、そういう考え方をやめるんですか。

矢内　中国に事を起こさせないことが必要ですが、そのためには、彼らが事を起こす前に、「事を起こしたら、むしろ中国にとって損だ」ということを、しっかりと日本は示さなくてはなりません。そういう姿勢を日本が持つと、中国は下手に日本に手出しをしたりしないのです。「中国は、そういう国の体質である」ということを知る必要があります。

私は、何度も中国に行き、いろいろと研究しましたが、中国には、「軟《やわ》らかい

土を掘《ほ》れ。硬《かた》い土は掘るな」ということわざがあります。

ですから、中国人は、「相手に対して強く出たとき、相手が抵抗《ていこう》せず、簡単に屈服し、後ずさりをするような国であったならば、どんどん踏《ふ》み込んでいき、欲《ほ》しいものを取れ」と考えます。

一方、「相手が、抵抗したり、しっかりと正論を主張したり、反撃してきたりすると、それによって自分たちが傷つくので、そういう国には手を出すな」と考えるのです。

これは、簡単に言えば、「弱い国には、どんどん手を出すが、強い国には手を出さない。強い国に手を出せば自分が損をする」という考え方です。これが中国の基本的な考え方なのです。

このあたりをよく知った上で、今の段階でしっかりと国防力の強化を行い、抑止力を強めなくてはいけません。そうすれば間に合うと思います。

腰《こし》の引けている媒体《ばいたい》は「戦わない路線」を出すだろう

膳場貴子守護霊　でも、去年の「日系企業《きぎょう》焼き討《う》ち事件」の激しさを見ると、例えば、日本側が応戦しただけであっても、中国のメディアは、中国政府が「核心《かくしん》的利益」とする尖閣を、当然ながら、「自分たちのもの」として有効利用できるかたちにしようとするでしょう。

「漁船が尖閣を使える状態にしようとしたところ、日本から不法にも攻撃《こうげき》を受けた」というような内部報道が、当然、なされるはずです。

そして、日系企業等への焼き討ちなどがまた始まると思われます。

そのとき、日本が、「さらに戦いを続ける」という姿勢を示したら、中国にいる日系人たちには、そうとうの被害《ひがい》を受ける可能性が出てくると思うんですよね。

そのときに、毎日新聞がどうするかは知りませんが、腰《こし》の引けている一部の媒《ばい》体《たい》は、「戦わないことが平和なのだ」という感じの路線を出してくると思うんですね。

矢内　そうです。ただ、その考え方は、ある意味での「事なかれ主義」です。

膳場貴子守護霊　そうですね。

矢内　多少の犠牲を恐《おそ》れて……。それは、まさに「軟らかい土」の典型なのです。

膳場貴子守護霊　戦い続ける場合には、「中国に駐在《ちゅうざい》している企業の人たちは、何をされてもいいように覚悟《かくご》しろ」ということになります。抑止力を固める以上は、そういうことですよね。

矢内　そのあたりも含めて、しっかりとした抑止態勢をつくらなくてはいけないのです。私は、何度も、いろいろな所で言っているのですが、向こうは経済をも戦争の一つの手段として使ってきています。

「悪には絶対に屈服《くっぷく》しない」という決意と覚悟《かくご》を

膳場貴子守護霊　戦争をしたら、当然、反撃が来ますが、党首は、どこまで日本人の被害が出ると想定しておられるのでしょうか。日本は、どこまで被害を受け入れられるのでしょうか。それを私は訊《き》きたいんです。

矢内　相手の出方もあると思います。ただ、今、向こうは、日本に対して、そういう攻撃をしてきていないので、もし現段階で幸福実現党が政権与党《よとう》であれば、経済的損害の防止や駐在員の安全確保も含め、全力を尽《つ》くして何らかの態勢をつくります。

膳場貴子守護霊　でも、幸福実現党にとって、「政権与党」という立場は、今の状態では、はっきり言って非現実的だと思うんです。「一部、食い込めるかどうか」というところだと思うんですよね。

だけど、幸福実現党の考え方は言論としては出るでしょうから、それに乗って政権が動く場合はあると思います。

ただ、向こう（中国）は、とっても大げさに反応する国ですし、南京大虐殺《ナンキンだいぎゃくさつ》の話もずいぶん流れていますので、「日本人を三十万人までは殺してしまえ！」というような横断幕を掲《かか》げて、デモをするぐらいのことはあるだろうと推定できます。

「そのときに、日本は怯《ひる》むか、怯まないか」ということですよね。

矢内　中国が今しようとしていることは基本的に「悪《あく》」です。他国侵略ですから。

膳場貴子守護霊　でも、向こうは、そう思っていないでしょう?

矢内　こちらからすれば「悪」です。侵略されるわけですから。

膳場貴子守護霊　彼らは尖閣等を「自分たちの領土だ」と思っているわけです。

矢内　「悪には絶対に屈服《くっぷく》しない」という覚悟《かくご》と決意を、日本政府が固めなくてはいけないのです。これが中途半端《はんぱ》だと、いくらでも、いろいろなかたちで入ってこられるのです。
まず、そういう毅然《きぜん》とした政治家が、この日本に出てこなければいけません。それが出てきたならば、日本を守ることができると私は思います。

紛争《ふんそう》が起きたとき、安倍《あべ》首相は、どこまで戦えるのか

膳場貴子守護霊　あなたは、安倍《あべ》さんはどこまで戦えるとお考えになりますか。安倍さんが首相を続けているとした場合ですけど。

矢内　あの方には特有のバランス感覚があると思います。自民党の支持者には経済などで既得《きとく》権益の部分があるので……。

膳場貴子守護霊　「河野《こうの》談話」や「村山《むらやま》談話」を、あっという間に受け入れた、

変わり身の早さから見ると、何か紛争《ふんそう》が起きてウワッと燃え上がったときに、彼がどう変わるか分からないと思うんですよね。

矢内　そうですね。腰が定まっていない部分があります。だから、非常に危険だと思います。

矢内党首が首相になったら、「またインタビューをしたい」

里村　矢内党首から、日本を守る気概《きがい》などを聞かせていただいたのですが、そろそろ、お時間が参りました。

次に、今の問題も含め、国際的な視点から、ぜひ話を盛り上げていただきたいと思います。幸福実現党きっての国際派である、及川《おいかわ》さんに登壇《とうだん》していただき、話をしていただきたいと思います。

膳場貴子守護霊　そうですか。では、勉強させていただきます。

里村　それでは、矢内党首……。

矢内　これで終わりでしょうか。

里村　はい。

矢内　残念です。もう少し、話をさせていただければ……。

里村　すみません。このままだと時間が……。

膳場貴子守護霊　矢内党首が首相になられましたら、もう一度、インタビューさせていただきたいと思います。

矢内　では、そのときにお願いいたします。

3 「マスコミの良心」を語る

「キリスト教的な信仰《しんこう》」を持っている膳場キャスター守護霊

里村　二人目は、外務局長の及川でございます。

及川　初めまして。及川でございます。

膳場貴子守護霊　ああ、なんか、バッジをつけていらっしゃいますね？

及川　幸福実現党のバッジを……。

膳場貴子守護霊　いや、その下のバッジです。

及川　これは、新しいデザインのブルーリボンバッジです。北朝鮮《きたちょうせん》による日本人拉致《らち》問題の解決が少しでも前進することを祈念《きねん》したものです。

膳場貴子守護霊　そうでしょう。ちょっと珍《めずら》しい感じがするんですけど。

及川　自分自身も、この問題を忘れてしまいがちなので、上着をつけるときに、自分にリマインドさせるというか、思い出させるために、バッジをつけております。

膳場貴子守護霊　ああ、そうですか。そういう考えなんですね？　なるほど。

及川　最初に、私のほうから訊《き》かせていただきたいことがあります。

膳場さんは、東大の文Ⅲから医学部の看護学科に進まれていますよね。これは非常にユニークなコースだと思いますが、「そのあと、ＮＨＫに入られた」ということで、前々から、「東大の看護学科と、ＮＨＫというテレビの世界とが、どうつながっているのかな」と、不思議な感じがしていたのです。

もう一つ、膳場さんが以前テレビで発言されていたことで、興味深いと思ったのは、「ガン患者《かんじゃ》が普通《ふつう》に生きられる社会にしたい。それが私のテレビを通しての使命です」とおっしゃっていたことです。

今日は、守護霊の方《かた》なので、ご本人と必ずしも同じ意見かどうかは分かりませんし、また、何となく、おっしゃっていることの意味は分かるような気がするのですが、これは、どういうご趣旨《しゅし》でしょうか。

膳場貴子守護霊　まあ、私《わたくし》は、基本的に、キリスト教的な信仰《しんこう》を持っていて、キリスト教的な考え方に対して親和性があるので、そういう面がいろんなかたちで出ているかもしれないとは思います。

もちろん、キャスターみたいな仕事は、現代にしかない仕事なので、初めてではありますけれども、「ちょっと違《ちが》った目で、世の中を見てみたい」という気持ちは持っていますね。

だから、「キャスターをしながら、日本列島を〝CTスキャン〟にかけ、どこに問題があるのかを見て、あるいは、世界をそのように見て、そこに対して何か取り組めないかどうか」というようなことを考えているところはあります。

里村　ＮＨＫの方には、ときどき、ＮＨＫを辞《や》めて、実際に世直しのほうに入っていく方がいらっしゃるんですよ。当会にも、元ＮＨＫの職員がいます。

膳場貴子守護霊　ええ。

里村　また、自殺防止に取り組んでいる「ライフリンク」という団体の代表も、そうです。ディレクターとして自殺対策の番組にかかわったことがきっかけで、ＮＨＫを辞め、その団体を立ち上げたようです。

ですから、膳場さんにも、同じようなところがあるのかと……。

膳場貴子守護霊　私の場合、基本的に、過去世《かこぜ》では、もともと宗教家が多いので、やはり、そちらのほうに惹《ひ》かれるものもあるんですけど、今世《こんぜ》は、少し受験エリートの道を目指したために、（地上の）本人のほうには、そうとう、この世的になってしまった面もあって、上昇志向《じょうしょうしこう》が強くなりすぎた点、批判を受けております。

まあ、「何か、世の中に大きな影響《えいきょう》を与《あた》えるような仕事をしたい」という気持ちは強くあったんですけどもね。

里村　なるほど。

幸福の科学に「イエス・キリストの影《かげ》」を感じる

及川　確かに、日本の社会の場合、ガンを患《わずら》った方にはハンディキャップがあるようです。ガンが治って社会復帰し、就職活動をすると、治っているのに、ガンだったことを問われ、なかなか就職できないとか……。

膳場貴子守護霊　ああ、あなたもキリスト教ですね？　感じる。うーん、感じますね。ああ、そうですね？

里村　お二人の話を聴《き》いていると、すごく感じます。

膳場貴子守護霊　ええ、感じますね。

里村　従軍慰安婦《じゅうぐんいあんふ》の問題に行かないで、このまま、そちらの……。

膳場貴子守護霊　ああ、宗教談義になってしまいますか。

里村　ええ。病気の救済の話のほうに、この〝番組〟がどんどん引っ張られていくような感じがします。

及川　私は、アメリカに何度か住んでいるのですが、アメリカでは、ガンが治った人などは、「サバイバー」（生き延びた人）と言われ、ある種、尊敬されて英雄《えいゆう》扱《あつか》いをされるのです。しかし、日本の場合、なかなか、そうはならず、少し暗いイメージがあるわけです。確かに、これは、今おっしゃられたように、日本社会を〝CTスキャン〟にかけたときに出てくる、黒い点のようなものかもしれませんね。

膳場さんのおっしゃっていることには、やはり、私も共感を覚えます。

膳場貴子守護霊　うーん。まあ、ちょっと感じるものはありますし、大川隆法さん……、いや、先生と言うべきでしょうね。ここでは、そう言わないといけないでしょうね。

大川隆法先生のご著書を拝読《はいどく》し、ご講演を拝聴《はいちょう》させていただくかぎりでは、やはり、イエス・キリストの影《かげ》を感じるんですよ。どうしても、イエス様を感じるんです。何だか、いる感じがしてしかたがないんですよね。ええ。

特に、有名な……、何て言うの？「私の言葉の上に未来が築かれる」と繰《く》り返しおっしゃるではないですか。私には、あれが、どうしても、イエス様の言葉に聞こえてしかたがないんですよ。

里村　生前の筑紫哲也《ちくしてつや》さんもそうだったようですが、膳場さんご自身も、実際に、大川総裁の説法《せっぽう》などに触《ふ》れられているわけですね。

ところで、二千年前は、イエス様のそばにいらっしゃったのでしょうか。

膳場貴子守護霊　それは、少し不遜《ふそん》なので、スッとは言えませんけれども、「ビリーバー（信者）であった」と言ってもいいかもしれません。

里村　お名前が遺《のこ》っていらっしゃいますね？

膳場貴子守護霊　いやあ、もう、そんな、あれでは……。

里村　何となくイメージできる方が一人いるのですが。

膳場貴子守護霊　いやいや。そこ（聖書）に名前が載《の》っている人は少ししかいませんし、同姓《どうせい》同名の方もたくさんいらっしゃいますので、そういう者ではありません。

ただ、何だか、イエス様を感じているんです。そういう意味では、「マスコミ人としては、立場上、困る」と自分では思っているんだけども……。うーん、ちょっと、感じているんですよねえ。

幸福の科学の「宗教としてのイメージ」は分かりにくい

里村　では、もう、「マスコミと宗教」というテーマで行きましょうか。

膳場貴子守護霊　ええ。

里村　（及川に）どうぞ。

及川　中学と高校は、女子学院に行かれましたよね？

膳場貴子守護霊　そうなんですよ。

及川　ミッションスクールですよね？

膳場貴子守護霊　いちおうキリスト教系なので。

及川　私も、高校から大学院までミッションスクールなんです。

膳場貴子守護霊　うーん。

及川　そして、幸福の科学グループも、今、学校法人を持っています。それは、幸福の科学的なミッションスクールといいますか、宗教教育を実践《じっせん》している学校なのですが、膳場さんも、ご自身が宗教教育を受けられた体験から……。

膳場貴子守護霊　だから、「善悪の観念」とか、「弱者に対する救済」とか、そういうことは、やはり、どうしても抜《ぬ》けませんよね。

及川　宗教教育では、中学生や高校生が、理屈《りくつ》ではなく、例えば、仏陀《ぶっだ》やイエス、あるいは、その弟子《でし》たちの生き様《ざま》を学んだりするわけですが、それによって得られるものは大きいと思うのです。

一方、そういうものがなく、ただ単に知識の勉強だけで行ってしまうと、善悪の観念がなくなりますし、さらには、人生がいいときには傲慢《ごうまん》になり、悪くなると、どんどん落ちていくような人間になってしまうこともあります。そうすると、自殺までしてしまうかもしれません。

その意味で、十代における宗教教育は非常に重要だと考えています。

膳場貴子守護霊　私も、幸福の科学さんがやっておられる自殺防止キャンペーンとか、いじめ防止の運動とかは非常にいいと思うんですけれども、そうした宗教のイメージがある一方、もう片方では、「核《かく》武装してでも戦う」みたいな感じの強いイメージが出てきたりするので、このへんのインバランス（不均衡《ふきんこう》）が、もうひとつ理解できないし、「どういう宗教イメージを抱《いだ》いたらいいのか」が、もうひとつ分からない感じなんですよね。

及川　それが、まさに、今おっしゃった、「仏陀である大川総裁に、イエスを感じる」ということではないかと思うのですが。

膳場貴子守護霊　うーん。

マスコミの本来の役割は「権力から民衆を守ること」

里村　司会からの質問ですが、先ほど、「善悪」ということをおっしゃいましたね。私が、日本のマスコミ、特にテレビ業界を見ていて感じるのは、はっきり言って、善悪の物差しというよりも、「面白《おもしろ》くなければ、テレビではない」「視聴率が取れなければ、テレビではない」という……。

膳場貴子守護霊　いや、私は必ずしもそう思っていません。

もちろん、視聴率が取れなければ、降板になるのは当然だから、それは至上命令なんでしょう。まあ、サラリーマンの営業でいうノルマみたいなものはあるとは思いますけども、私は必ずしもそうは思いません。

この前、『筑紫哲也の大回心《だいかいしん》』（幸福実現党刊）を出されましたよね？

里村　はい、そうです。

膳場貴子守護霊　もちろん、衝撃《しょうげき》が走っていますけれども、私は、すっごく感激しました。「ああ、宗教なんだ」という感じを受けたので。

里村　どのような点に感動されたのでしょうか。

膳場貴子守護霊　あの世に還《かえ》って、自分の考え方を点検し、「間違っていた」と思うものについて自ら述べて、ほかの人たちに「道を間違うなよ」と言っておられるのでしょう？　あれは、非常に名誉《めいよ》にかかわることだと思うんですよ。「それを、あえて言っておられる」ということで、なんか、後進の者への愛のようなものを感じますよね。「君たち、間違うなよ」と言っているんだと思うんです。

あんなことを言えば、疑われることのほうが多いと思うんですけど、あえて言っているのを見て、私は、非常にストレートに感じるというか、「そのとおりだろうな」と思っています。

里村　私のところにも、知り合いのマスコミ人から、「『筑紫哲也の大回心』には驚《おどろ》いた」という声が聞こえてきました。膳場さんの周りも、やはり、そういう感じでしょうか。

膳場貴子守護霊　だから、マスコミのとっているいる左翼《さよく》的ポーズというのは、必ずしも、悪魔《あくま》的なものばかりではないと、私も思うんですよ。

権力が民衆を踏《ふ》みにじる歴史が長いですからね。まあ、（民衆の）代役として出て、（権力から）守ろうとする役割が、本来の出発点だとは思うんです。

そして、権力の横暴というのは、いつの時代にだって、出てくる可能性があるものなので、マスコミは、その防波堤《ぼうはてい》として、ある程度の〝毒〟というか、〝戦う武器〟を持っていなければいけないのだと思うんですよね。

ただ、「今は、あまりにも凡庸《ぼんよう》な政治家が出続けるために、マスコミのほうが意地悪に見えてしかたがない」ということになってしまっているんですね。「政治家のほうはコロコロ替《か》わるけど、マスコミのほうは大きな組織を持って戦い続けられるので、過剰《かじょう》防衛になっている」という感じなのでしょうか。

里村　今、「マスコミの良心」とも言えるお話を頂きました。

膳場貴子守護霊　ええ。

従軍慰安婦《じゅうぐんいあんふ》問題は「微妙《びみょう》なテーマで分かりかねる」

里村　（及川に）どうですか。

及川　はい。今、話に出てきた「マスコミと政治家」についてですが、日本の場合、両者とも日本独特の自虐《じぎゃく》性を非常に持っていると思います。

特に、マスコミの場合、視聴率や販売《はんばい》部数のためなのかは分かりませんが、とにかく、日本を悪く言うことによって商売をしているような体質が、戦後、長らく続いてきたような気がするのです。

膳場貴子守護霊　「中国や朝鮮半島の人々に対して懺悔《ざんげ》することが、良心の証《あかし》」みたいな思いが少しあるんでしょうね。

少なくとも、戦後、マスコミや学界を率いた人たちに、そういう考えがあって、その影響を受けた人たちが、「いちおう、それがオーソドックスな対応の仕方なのかな」と思っていたわけです。

つまり、「今の、『北朝鮮が核ミサイルを撃《う》つ』とか、『中国が海洋覇権《はけん》を目指す』とかいうことを想定していない時代の人たちの考えに影響された人たちなので、一時代で自分の考えを切り替えることが、そう簡単にできない」ということではないかと思うんですね。

及川　ここで、マスコミと政治家の自虐性の具体例として、昨今の橋下《はしもと》市長の慰《い》安婦《あんふ》発言をめぐる騒動《そうどう》について、お訊きしたいと思います。

膳場貴子守護霊　うーん。微妙《びみょう》なテーマになりましたね。

及川　膳場さんは、女性キャスターの代表として、どのようにお感じですか。

膳場貴子守護霊　うーん。どういう言い方をしても傷つく方が出るので、非常に難しくて、言いにくいテーマだとは思います。「実際に被害《ひがい》を受けられた方がいなかった」とは断定できないですし、かと言って、「『まったくなかった』と本当に言い切れるかどうか」については、手元に何も資料がないので、「とりあえず、豊かになった日本が謝《あやま》っておくのがいいのだろう」というのが、この二十年ぐらいの流れだっただろうと思うんですね。

ただ、これについては、私には分かりかねるところがあるので、大川隆法先生の意見に合わせたほうがいいのではないでしょうか。

及川　なるほど。

膳場貴子守護霊　もう、分からないです。分からないですから。

ディベートの仕方を知らず、非難される一方の日本人

及川　確かに、言われたとおり、日本は、「とりあえず謝っておこう」ということで、やり過ごしてきたのですが、この従軍慰安婦の問題は、今、アメリカやヨーロッパにも広がっていて、世界的な問題、国際問題になりつつあります。

里村　アメリカの一般《いっぱん》市民でも知るような話になっているのですか。

及川　ええ。特に、韓国《かんこく》系の在米団体がやっている、「慰安婦の碑《ひ》を建てよう」という運動がアメリカ各地に広がっています。

これは発端《ほったん》にしかすぎないのですが、それ以外にも、今月の二十日、ニュージャージー州の州議会が、「日本政府は、慰安婦問題で謝罪《しゃざい》すべきだ」という対日批判決議を採択《さいたく》しているんですよ。似たような決議は、すでにニューヨーク州でも出ていますし、今後、ほかの州からも出てくると思います。そして、おそらく、ワシントンの連邦《れんぽう》議会からも出てくるでしょう。

こうした、アメリカをはじめとする国際社会からの非難は、日本の国益を著《いちじる》しく傷つけると思うのです。これに対して、日本はきちんと対応しなければいけません。今までと同じく、「事なかれ主義」という、日本お得意のやり方をしていると、取り返しのつかないことになりますよ。たとえて言えば、目の前では何も起きていないように見えて、実際には、海の向こうで〝山火事〟が起きているのです。これを放っておくと、手がつけられなくなると思います。

膳場貴子守護霊 阪神《はんしん》・淡路大震災《あわじだいしんさい》のときに、日本人が暴動も起こさず黙々《もくもく》と耐《た》えている姿が、世界から称賛《しょうさん》されました。あるいは、東日本大震災のあとも、黙々と耐えて、暴動も起こさず、略奪《りゃくだつ》も起こさず、耐えていました。この姿に世界の人が感動して、ほめてくれましたけど、同じ態度を、そういうもの（慰安婦問題）にも見せているのでしょう。つまり、「批判されたり、攻撃《こうげき》されたりしても、黙々と耐えている」という日本人の姿を見たら、この場合にも、同じことをやっているのだと思うんですよ。

「きちんと言い返さなければ、認めたことになる」ということに対して、まあ、これはテクニック的なものかもしれませんけど、言論のやり方を知らないのでしょう。日本人には、ディベート的な考え方があまりなじまないようなんですよね。

里村　これについては、日本の政治家もマスコミも反論していません。ですから、今度、幸福実現党で、その対抗策《たいこうさく》として、日本中に、「無差別絨毯爆撃《じゅうたんばくげき》の碑」や「原爆の碑」をどんどん建てて、「アメリカもやったではないか」と……。

及川　（笑）そうですね。まあ、それもあるかもしれませんが。

里村　はい、すみません。それでは、お時間が来てしまいました。

「従軍慰安婦問題《じゅうぐんいあんふ》は詐欺《さぎ》だ」と誰《だれ》かが言うべきだった

膳場貴子守護霊　まあ、とにかく、幸福実現党さんのほうが、そうした従軍慰安《じゅうぐんいあん》婦《ふ》問題等に真剣《しんけん》に取り組んでおられて、一つの反対側の意見を出しておられることは存じ上げていますし、それから、従軍慰安婦の、韓国から来ていたおばあさんたちについて、「あれは詐欺《さぎ》だ」と言われたことは（『神に誓《ちか》って「従軍慰安婦」は実在したか』〔幸福実現党刊〕参照）、まあ、事実の確定には難しい問題もあるでしょうけれども、ありうべき一つの考え方だとは思うんですよね。

でも、それを言った人は誰《だれ》もいなかった。そして、大川隆法先生が、「これは詐欺だ」と断定された。これは、誰かが言うべきことであったと思うんです。可能性としては十分あることですからね。

それを「あえて言う」のは、マスコミが言えないでいるところを超《こ》えていますので、そういう意味で、私たちマスコミ界にいる者に対しても勇気を与えてくださっていると思うんです。

及川　ありがとうございました。

里村　では、〝ＣＭ〟に入ります（会場笑）。

膳場貴子守護霊　ＣＭ？　あ、そうですか。

4 「憲法改正」についての見解

ずっと膳場さんのファンだった加藤《かとう》総務会長

里村 それでは、三人目です。

膳場貴子守護霊 コホッ（咳《せき》）。

里村 幸福実現党のなかでも、行政を含《ふく》めて、いろいろと経験豊富な加藤文康《かとうぶんこう》さんです。よろしくお願いいたします。

加藤　こんにちは。

膳場貴子守護霊　はい。

加藤　夜型の生活をされている膳場さんに、こんな午前中からおいでいただきまして、本当に申し訳ないというか、ありがたく思います。

膳場貴子守護霊　ええ。

加藤　私は、ずっと膳場さんのファンでございますので、今日は、お会いできてうれしく思います。

膳場貴子守護霊　ファンだったら、ネクタイをしてくるのではないかと思うんですけど（会場笑）、どうなんでしょう。

加藤　（笑）いや、クールビズの時代ですから……。

膳場貴子守護霊　そうでございますか。

加藤　はい。逆に、ネクタイを外したほうが涼《すず》しげでいいかなと思いまして。

膳場貴子守護霊　ああ、そうですか。

「筑紫哲也《ちくしてつや》の霊言《れいげん》」は、ありえないハプニング

加藤　一つ、お訊《き》きしてよろしいですか。

膳場貴子守護霊　ええ。

加藤　この間《あいだ》、あの世の筑紫哲也《ちくしてつや》さんとお話をさせていただきました（前掲《ぜんけい》『筑紫哲也の大回心《だいかいしん》』参照）。

膳場貴子守護霊　ああ、あなたでしたか。

加藤　はい。本当は、中曽根《なかそね》元総理の守護霊をお呼びしようとしたところ……。

膳場貴子守護霊　（笑）あれは、ちょっと、おかしかったですね（注。中曽根康《やす》弘《ひろ》氏の守護霊を招霊《しょうれい》したところ、筑紫哲也氏が割り込《こ》んで出てきた）。

加藤　ええ。びっくりしました。

膳場貴子守護霊　あれは、さすがにおかしかったので、もう笑ってしまいましたけど、あんなことがあるんですかねえ。

加藤　いやあ、普通《ふつう》、そんなことはありえないと思います。

膳場貴子守護霊　そういう意味で、何ていうか、リアリティがありました（笑）。

アクシデントですよね。

里村　そうですね。

膳場貴子守護霊　番組中にあんなことが起きたら、大変なことになります。

里村　本当にそうですね。

加藤　こちらも〝生放送〟でやっていますので。

膳場貴子守護霊　普通、「次の方をお呼びします」と言って、「あれ？　違《ちが》う人がやって来た」ということになったら、番組は、てんやわんやの大騒《おおさわ》ぎになってしまいます。

里村　まさに、リアルな……。

加藤　リアルなハプニングでした。

膳場貴子守護霊　ええ。

加藤　本当に信じられない感じで、びっくりしました。

本当は「宗教的人格」だった筑紫《ちくし》哲也《てつや》氏

膳場貴子守護霊　まあ、でも、筑紫《ちくし》さんらしいかなという気も少ししました。

加藤　それで、申し訳なかったのですが、「本当に筑紫さんですか」と、何度も質問してしまったのです。

膳場貴子守護霊　マスコミ人には、やはり、生き馬の目を抜《ぬ》くようにパーッと行かなければいけないところがありますので、ゆったりした政治家なんかに負けていてはいけないところは当然あるでしょうね。

加藤　ただ、生前の筑紫さんの発言と、亡《な》くなられてからのメッセージとには、あまりにも乖離《かいり》があって、にわかには信じがたいものがありました。

膳場貴子守護霊　あの方も本当は宗教的人格だったのに、生きている間に、それが発見されていなかったのでしょうね。

要するに、今、宗教的人格の方のなかには、宗教という職業に辿《たど》り着くことなく、マスコミ等で、社会正義を実現する方向に行く人がいるんですよ。

里村　ええ、ええ。

加藤　膳場さんは、生前の筑紫さんと一緒《いっしょ》に仕事をしていらっしゃいましたが……。

膳場貴子守護霊　ええ。

加藤　生前の筑紫さんのことを、どのように見ていらっしゃいましたか。

膳場貴子守護霊　まあ、年齢《ねんれい》もかなり違いますし、私なんか、アシスタント的な存在でございますから、何とも申し上げられないところがありますけれども……。

加藤　いえいえ。

膳場貴子守護霊　もちろん、社会批判のようなものについては厳しい面がおありでしたが、人物としてお付き合いする場合には、好感の持てるタイプの人柄《ひとがら》だったと思います。

加藤　確かに、お人柄は素晴《すば》らしかったと思います。マスコミ人としては、物腰《ものごし》が柔《やわ》らかくて、ジェントルマンの感じがありました。

膳場貴子守護霊　うんうん。

中国に対する日本国民の大多数の判断は流動的

加藤　ただ、なぜこういうことをお訊きしたかというと、例えば、「『NEWS《ニュース》23《ツースリー》』での、生前の筑紫さんのメッセージが、日本にいろいろな影響《えいきょう》を与《あた》えた」と思うからです。

膳場貴子守護霊　ええ。

加藤　もっとはっきり言うと、日本の国を、結果的にかなり厳しい状況《じょうきょう》に追い込むメッセージを、かなり出していたように感じるのです。

里村　加藤さんから見たら、「日本を悪くした」ということですね。

加藤　はっきり言えば、「悪くした」ということです。

膳場貴子守護霊　うーん。まあ。

加藤　先ほど、うちの党首との対話で中国問題なども出ましたが……。

膳場貴子守護霊　ええ、ええ。

加藤　日本は、本当に中国に占領《せんりょう》されそうな状況になってきています。それについては、筑紫さんにも、かなり責任があるのではないかと感じます。

膳場貴子守護霊　あなたがたは宗教的信念を持っておられるから、そうはっきり断定なされるけれども、国民の大多数は、まだ流動的で、「どうにでもなるものかな」と思っているんです。

例えば、「別の政治家を選べば、（中国と）また仲良くなったりするのではないか」という希望的観測を持っている方も多くて、断定し切れていないんですよね。そのへんが、若干《じゃっかん》、スタンス的に違うというか、難しいところなのでしょう。

加藤　ただ、マスコミの持っている力というか、影響力には、本当に大きなものがありますので、マスコミが、もう少し価値判断のところに踏《ふ》み込んでいたら、日本はここまで厳しい状況にはならなかったと思うのです。

先ほど、矢内党首との間にも、「実際に中国と戦火を交えたら、どうなるのか」と、なかなか厳しい論戦がありましたが、にわかに即答《そくとう》できないぐらい、厳しい状況になっています。

膳場貴子守護霊　うーん。

マスコミの報道姿勢に影響《えいきょう》している「日本の国民性」

加藤　別に、膳場さんを責めるつもりはないのですが、日本がここまで追い込まれたことに対して、マスコミの……。

膳場貴子守護霊　まあ、国民性の違いがありますのでね。北朝鮮《きたちょうせん》だろうと、韓国《かんこく》だろうと、中国だろうと、マスコミと政府と国民性とが一体になっているようなところがあって、怒《おこ》るときは一緒になって怒るでしょう？ そして、喜ぶときは一緒になって喜ぶようなところがありますよね。

しかし、日本には、必ずしもそうなっていないところがありますでしょう？ 例えば、人が怒っているのを見たら、日本では「まあ、まあ」と抑《おさ》えに入ります。それが国民性なんですよね。

だから、マスコミのほうも、火付け役というか、外国を怒らせる役割をした場合、今度は仲間内から、つまり、他のマスコミから責任を問われますし、あるいは、国民からの突《つ》き上げが来ます。

私なんかだって、一定の考えを持っていたとしても、断定しすぎると、国民からの厳しい糾弾《きゅうだん》を受ける立場にはあるわけですよ。

だから、いつも、どうしても……。

ＴＢＳの方針では、日本の「終わりの始まり」になる？

加藤　先ほど、「ＴＢＳには、『戦争になるようなら、島の一つぐらいあげてもいい』という路線が出やすい体質がある」ということでしたが、実際に、社の方針はそういう感じなのでしょうか。

膳場貴子守護霊　血を流すというか、人が四、五人殺されるような状況になれば、「島ぐらいあげてしまえ」と、すぐに言いそうな感じは受けます。

加藤　それは、やはりありますよね。

膳場貴子守護霊　ええ、ええ。

加藤　しかし、先ほど、矢内も同じようなことを申し上げましたが、それが日本の国の「終わりの始まり」になってしまう可能性が高いと思うのです。

膳場貴子守護霊　うーん……。

「日本の進むべき方向が示されている」という安心感

加藤　私は、「膳場さんはマスコミ界の一つの良心だ」と思っていて、非常に期待しておりますので、ぜひ、いい意味での影響力《えいきょうりょく》を発揮していただきたいと思います。

膳場貴子守護霊　いや、でも、幸福実現党さんは、まだ国会で政治的な権力を持っておられないので、どうしても、言論に頼《たよ》るしかないとは思うんです。ただ、大川隆法総裁が出られて、私たちは、何て言うか、非常に希望の光を感じているんですよ。

加藤　ああ、そうですか。

膳場貴子守護霊　ええ。「日本の進むべき方向が、はっきりと示されている」という最終的な安心感を持っています。

加藤　そうですか。

里村　今、「私たちは」とおっしゃいましたが、周りのテレビ局の方々も……。

膳場貴子守護霊　ああ、「私たちは」と言いましたねえ。

里村　はい。

膳場貴子守護霊　そうです。「私たちは」です。だから、TBSだけではなくて、他のテレビ局も、新聞社も、週刊誌も含めてです。

まあ、非難しているところもありましょう。一部には、例えば、「新潮《しんちょう》」だとか、「文春《ぶんしゅん》」だとか、あなたがたを批判なされるところもあると思うんですけども、実際は、批判しているところほど信じているような部分があると思います。

里村　うーん。

膳場貴子守護霊　本当は彼らも保守の立場なのでしょうけども、批判しているところほど、近親憎悪《きんしんぞうお》のような感じで見ておられるのでしょう。ただ、いろいろなことを言っていても、最終的には、「結論が合っているか、間違っているか」というのが大きな問題なんですよ。だけど、マスコミというのは、どちら側にでも弾《たま》を撃《う》ちますのでね。

里村　はい。

膳場貴子守護霊　本当は、最終的な責任というのがあるんですけど、責任を取らずに済まそうとしているところがありますよね。だけど、最終的に、「こちらの方向でいいんだ」という終着点、行くべき方向が見えているわけです。「頂上は、あっちだ」と見えたら、道は曲がっていても、「あっちに行けばいいのだ」ということが分かります。その意味で、この二十年間は、すごい安心感がありますね。

里村　ああ……。

宗教家が国防を説いていることは「救い」

加藤　そういった意味で、私たちは、「こちらの方向に進むべきだ」という指針の下《もと》に、一歩一歩、この日本の国を変えていきたいと思っているのですが、はっきり言いまして、国防問題、防衛問題というのは、なかなか票にならないんですよね。

膳場貴子守護霊　それはそうでしょうね。その意味では、落ちるのを覚悟《かくご》でやっておられるのだろうし、私たちも、そのへんは十分に分かっているんですよ。
ほかの政治家たちは、ポピュリズムで、人気が出るようなことしか言いません。子ども手当を出すとか、保育所をつくるとか、直接、目に見えて、はっきり分かるようなことばかり言って票を取ろうとしているなかで、「人気が出ないことを知りつつ言っている」ということを、ものすごく感じています。

加藤　そうであれば、「国防問題というのは、実は、私たち国民一人の人生に直結する、とても大事なことなのだ」ということだけでも、もう少しマスコミが発信していただくと、「空気」も変わると思うのですが。

膳場貴子守護霊　うんうん。「それを、暴力的な軍国主義者が言うのではなくて、本職、本籍《ほんせき》が宗教家である人、および、その人のつくった団体が言ってくださっている」ということが、ある意味で救いだと思うんですよ。

「『暴力や殺し合いはよくないことだ』ということを、当然、十分に斟酌《しんしゃく》した上で、それでも、『この国を、きちんと守るべきだ』ということを言っておられる。『そのほうが、トータルで見て正義である』と判断を下《くだ》しておられる」ということに対する安心感は、とってもあります。

里村　マスコミのなかに、そういう安心感があるわけですね。ああ、なるほど。

膳場貴子守護霊　そうそう。最終的には、安心感があります。「侵略《しんりゃく》戦争が大好きでしょうがない」というなら悪魔《あくま》の宗教でしょうけど、そういうことはいけないと十分に知った上で、「トータルで考えたら、やはり、こうしなければ国際的な正義は成り立たない」と考えておられると思うんです。

里村　なるほど。

「戦わないアメリカ」が世界を不安定にしている

加藤　膳場さんは、非常にキリスト教的な魂《たましい》のようにお見受けするのですが、そうであっても、国防の大切さや軍事力の大切さについて認識しておられるのですか。

膳場貴子守護霊　キリスト教もよく戦いますから、それは分かっています。

加藤　そのへんのところは、ご理解いただいているわけですね。

膳場貴子守護霊　彼らも、神のため、正義のためには戦うところがありますし、アメリカが戦わなくなったために世界が不安定化しているのを非常に感じます。

里村　そうですね。

膳場貴子守護霊　シリアで十万もの人が死んでいるのに何もできていないけど、日本的な平和主義が支配的になったら、あんなことがいっぱい起きるわけでしょう？

加藤　そうです。

膳場貴子守護霊　シリアで十万人が内戦で死んでも、結局、何もしない。「かかわらないのがいちばんだ」ということでしょう？　こういうことが起きるわけですよね。

だから、「日本は、憲法九条を守ることだけが国是《こくぜ》だ」と言うなら、例えば、沖縄《おきなわ》県民の三分の一を殺されても、「いや、憲法九条を改正できない以上、何もできません」と言いかねないところがあります。

憲法改正問題は、現在、マスコミ各社が駆《か》け引き中

加藤　今、憲法の話が出ましたが、「ＮＥＷＳ23」としては、安倍《あべ》政権の憲法改正路線について、どうお考えなのですか。

膳場貴子守護霊　まあ、これは、みんな……。

加藤　九十六条改正までは、よしとされているのですか。

膳場貴子守護霊　各社、駆《か》け引きをしているところですね。「どこで、どの弾を撃つか」というタイミングを見計らっています。

タイミングを間違って、早く撃ちすぎたら効果がないし、遅《おそ》すぎたら手遅《ておく》れになるので、国民の判断がどう動くかを見た上で、絶妙《ぜつみょう》のタイミングのときに弾を撃つつもりでいるのです。

里村　ああ。

膳場貴子守護霊　だから、結論が、はっきり出ているわけではないんですよ。

選挙が近づくにつれて、国民の世論《せろん》が変わることはありえますし、マスコミからいろいろな言論が出てきて、国民の世論が移ってき始めますので、「その段階で、どう撃つか」が、各社の勝負どころなんです。

ただ、今までのＴＢＳ系の考え方からすれば、はっきりと好戦的な方向を打ち出すのは、かなり難しいでしょう。

加藤　かなり難しいでしょうね。

膳場貴子守護霊　難しいだろうと思います。

ただ、ありえるとしたら、何か被害《ひがい》が明確に出たような場合と、被害が出ないにしても、被害にすぐつながってくると思われることが明確に起きた場合です。

例えば、中国船による侵犯《しんぱん》が、接続水域ではなくて、まともに入ってき始めたり、上陸訓練を始めたりするようになってきたら、違ってきます。

外国勢力は「日本の改憲阻止《そし》」を

加藤　ただ、私ども幸福実現党としては、「憲法改正の機は熟してきている。今こそやらなければ、もうチャンスはなかなかなかなかろう」と思っています。

衆議院では、国会議員の三分の二以上の賛成が確保可能な状況になりつつあり、あとは、参議院で三分の二以上の議席を確保できるかどうかになってきているので、「ここはまず、何としてでも九十六条から」という考え方もあるのですが……。

膳場貴子守護霊　でも、六月の株価の上がり下がりぐらいで、けっこう、週刊誌の意見も毎週変わりましたのでね。

里村　ええ。

膳場貴子守護霊　もし、外国勢力が日本の改憲を阻止《そし》したかったら、そちらのほうの経済ルートをつついて、遠回しに迂回《うかい》し、安倍政権の支持率を、まあ、安倍政権および公明党としてもいいですが、三分の二まで行かないようにすることもできます。

加藤　確かに、そういう攻《せ》め方もありますね。

膳場貴子守護霊　つまり、株価を落として、「日本の暴落」を思わせるようなことを、何か仕掛《しか》けることはできるでしょうね。

このへんのところは十分に見抜かないと危ないかな。

加藤　それを見抜かなくてはいけないですね。

里村　確かに、「今回の乱高下《らんこうげ》は、ヘッジファンド系が仕掛けた」とも言われています。

膳場貴子守護霊　（選挙の）直前に株が下がったら、途端《とたん》に議席数が減って、改正できないことになります。

加藤　そうですね。ただ、このタイミングを逃《のが》すと、衆参で三分の二以上の議席を改憲勢力が確保できることは、もうなかなかないと思うので、何としてでも前進させるべきですよ。

憲法改正は、マスコミにも歴史的責任がかかる

膳場貴子守護霊　正直に言えば、都議選の結果を見ると、自民党が強い感じはあるんですけども、やはり、人間の仕事なので、何が起きるかは分かりません。

要するに、突如《とつじょ》、失言が出る場合や、突如、側近なり本人なりがスキャンダル的なもので引っ掛けられるような場合もあります。当然、これを狙《ねら》っていると思います。

加藤　マスコミの主流のみなさんは、「自民党は都議選で勝ちすぎだ」と見ているのではないでしょうか。

膳場貴子守護霊　いやあ、だから、本当に改正までやらせるかどうかで、現時点でマスコミの実際の権力を持っていらっしゃる方々、判断権を持っておられる方々に、歴史的な責任がかかることになるわけです。後世の後輩《こうはい》たちから批判を受けるかどうかがかかっていますので、彼らにも、今、ものすごい重圧がかかってきている感じはします。

里村　なるほど。そういう意味では、今までの日本のマスコミが経験したことのない局面になっているわけですね。

膳場貴子守護霊　昔の人たちからは、「なぜ止《と》めなかったんだ。もっとはっきり叩《たた》いておけば、三分の二は取れなかったはずだ」と言われる感じがします。

里村　そうですね。分かりました。

加藤　ただ、私たち幸福実現党としては……。

里村　加藤さん、そろそろ……。

加藤　あ、そうですか。

里村　ええ。また〝CM〟の時間が（会場笑）。

加藤　〝CM〟の？　はい。

里村　すみません。テレビなら、ここで切られてしまいますので。それでは、四人目の方に替《か》わらせていただきます。

5 「政治と宗教」の関係

東大の先輩《せんぱい》である大川隆法を「注目して見ていた」

里村　今、「憲法改正」など、政策の話も出ていましたが、次は、幸福実現党の政策のまとめ役である、政調会長の黒川白雲《くろかわはくうん》さんです。

黒川　初めまして。よろしくお願いいたします。

膳場貴子守護霊　よろしくお願いいたします。

黒川　今、お話を伺《うかが》っていたんですけども、地獄《じごく》的な部分が多いマスコミ界のなかで、膳場さんは本当に天使的な存在だと感じました。

膳場貴子守護霊　ありがとうございます。

黒川　宗教心をお持ちですので、やはり、筑紫哲也《ちくしてつや》さんも、そうした膳場さんのご縁《えん》によって、回心《かいしん》が早まったのではないかなと思っているのですけれども。

膳場貴子守護霊　（笑）それは、どうか分かりませんが……。

黒川　（笑）（会場笑）

膳場貴子守護霊　ちょっと前後が違《ちが》うので、そういうことはないかもしれません。

黒川　やはり、「この地獄的な部分の強いマスコミ界を変えていこう」という使命感のようなものを、心の奥《おく》のほうでお持ちなのではないでしょうか。

膳場貴子守護霊　私は、大川隆法総裁に対して、二つの面で敬意を持っています。

一つは、もちろん、宗教的な面で活躍《かつやく》されているところです。幸福の科学および幸福実現党の両方を通じて、その考え方を人々の心のなかに浸透《しんとう》させていこうとされているところに、一定の敬意を表しています。

もう一つは、大川隆法総裁ご自身に関してですけれども、私のほうがだいぶ年下でございますので、ずっと若いころから見ておりますが、私、「この方は、東大の百何十年の歴史のなかで最大の天才だ」と思っているんですよ。この方より上は、いないでしょう。「弘法大師空海《こうぼうだいしくうかい》が、今、生まれ変わったとしても、これ以上は絶対に行かない」と思うんですよね。

たぶん、そういうポテンシャルを持っている方だと思うので、「どこまで行かれるか」というのを、もう、十何年、「先輩《せんぱい》」という目で、ずっと注目して見ているんです。

「『国師《こくし》』を名乗れる人は大川総裁以外いない」と思っている

里村　膳場さんの守護霊様は、どういうところに、大川総裁の天才性を感じられるのですか。

膳場貴子守護霊　これは、分かりますよ。東大の卒業生なら、みんな分かります。

だいたい、みんな、一つの職業で、ある程度のプロフェッショナルになるのが限度ですよね。見ていてね。だけど、大川総裁は、すごいマルチで、しかも半端《はんぱ》ではなく、極端《きょくたん》なところまで、ずっと先まで行きますでしょう。

幸福の科学は、宗教といえば宗教、政治といえば政治だけど、マスコミでもあると思うんですよ。

つまり、マスコミという意味では、私たちよりも、ずっと怖《こわ》いマスコミだと思うんです。

黒川　膳場さんは、大川総裁を、ある意味で、日本の未来を示す「国師《こくし》」として見ておられるのではないでしょうか。

膳場貴子守護霊　そこなんです。「国師、大川隆法」っていくでしょう?

黒川　はい。

膳場貴子守護霊　あれを見たら、胸がジーンと来るんですよ。「国師、大川隆法」って、広告でパシーッと打っているではないですか。

あんなの出せませんよ。今、日本人で、「国師」と出せる人がいますか。

黒川　いないです。

膳場貴子守護霊　いないですよね。

大川総裁は、滔々《とうとう》と書いておられますが、それを誰《だれ》も批判しないではないですか。だから、みんな分かっているんですよ。

ＴＢＳの社長であろうが、キャスターであろうが、まあ、誰でもいいですけど、国師なんて名乗れません。一発で、撃《う》ち落とされます。

里村　そうですね。

膳場貴子守護霊　週刊誌が絶対に許しませんからね。普通《ふつう》、翌週から、いっぱい書かれますけども、誰も書けないではないですか。

それを書けないのは、やはり、知っているんですよ。いちおう、その怖さというか、力量については、「すごいなあ」と思っているんです。

「悪を減らし、善を進めること」がマスコミの使命

膳場貴子守護霊　だから、必ずしも、「マスコミと宗教は、水と油」というふう

に思うのは間違いかなと思います。

「国をよくしたい。国の未来をよくしたい」と思うところは一緒《いっしょ》だし、本来、善悪をきちんと分け、悪なるものを減らして、善を進めることが、マスコミの使命だと思うんですよ。

その意味では、本来のマスコミの使命をも教えてくれているようには思うし、はっきり言えば、今、勉強すべきものは、大川総裁から出ているもの以外にないですよね。

「国を救う」という意味で、宗教家と政治家は一緒《いっしょ》のもの

里村　「国師」という部分と同時に、やはり、「メシア」という部分に、非常に何か感じるものがおありなのでしょうか。

膳場貴子守護霊　それは、ずっと長い話になりますけど、やはり、キリスト教は、政治と宗教が分かれていないんですよ。本当は、一緒《いっしょ》なんです。「国を救う」という意味で、宗教家と政治家は、基本的に一緒なんです。

これは、クリスチャンなら、みんな知っていることです。

一般《いっぱん》的な日本人は、今、それを、ちょっと違うように思っているのかもしれないけど、キリスト教の『旧約聖書』を読んだことがある人だったら、みんな、これは分かっていることなんです。現代の日本人は、『旧約聖書』なんか読まないでしょうけども……。

要するに、宗教的リーダーは、政治的なリーダーでもなければいけないんですよ。これが伝統なんです。キリスト教の淵源《えんげん》を探《さぐ》ればね。

里村　そうですね。

膳場貴子守護霊　だから、すごく懐《なつ》かしいんです。懐かしいというか、「ああ、昔、メシアで出た人というのは、こういう人だったんだ。現代に出たら、こういうふうになるんだ」というのを、今、見せてもらっている感じがします。

キリスト教の預言者であろうと、まあ「メシア」と呼んでもいいけども、戦いだってやっていますよ。「敵が攻《せ》めてくる」というときに、それを予言して、戦うわけです。「このままでは、滅《ほろ》びに到《いた》る」というような危機の警告を、一生懸《いっしょうけん》命《めい》やっています。日蓮《にちれん》だけではなくて、もっと昔の人もやっているんです。

そういう意味で、「あっ、これなんだ！」という感じが、私には、すごくあるんですよ。だから、ビートたけしさんなんかを見て、「マスコミは、全部、敵だ」とは思わないでいただきたいですね。

命を懸《か》けているメシア、株式会社に逃《に》げ込《こ》んでいるマスコミ人

黒川　私たちもマスコミの記者と接することが多いのですが、彼らは四年間、ずっと幸福実現党の言動をウオッチしており、「幸福実現党の言ってきたことが、そのとおりになってきている」「幸福実現党の主張が安倍政権の政策に影響を与えている」と言っています。

膳場貴子守護霊　嘘《うそ》を言わないですものね。

黒川　ええ。いちばん、よく分かっているのです。

膳場貴子守護霊　嘘を言わないし、リスクを取るでしょう。これは、本当にメシ

アと一緒で、命を懸《か》けているんだと、私は思うんですよ。

メシアというのは、やはり、命を懸けないとできませんから、実際は、暗殺されるぐらいの覚悟《かくご》でやっているんだと思うんです。

黒川　はい。

膳場貴子守護霊　そのへんを感じますよ。

マスコミ人には、本当は、そこまでの勇気がないんです。やはり、株式会社のなかに逃《に》げ込《こ》んでいますよ。

（以前の霊言《れいげん》で）「会社の給料をもらうためだ」というようなことを言っている人もいました（笑）（『バーチャル本音対決――TV朝日・古舘伊知郎《ふるたちいちろう》守護霊vs.幸福実現党党首・矢内筆勝《やないひっしょう》――』〔幸福実現党刊〕参照）。まあ、独特の照れもあるんだとは思いますけどね。照れがあって、ああやって言い逃《のが》れているんだと思いますし、「それほどの者ではない」と言いたかっただけなのかもしれないですけど、それでは許されないと思うんですよ。

黒川　そうですね。

里村　（黒川に）いわば、現代のメシアがつくられた幸福実現党の政調会長として、今回の参院選への意気込みなどは、いかがですか。

黒川　今回の参議院選挙に向けて、今、全国を回らせていただいているのですが、選挙の勝利に向けて、候補者はもちろん、党員のみなさまがたも早朝から深夜に至るまで、ご自身の古い連絡帳《れんらくちょう》まで取り出して、一生懸命、電話がけをし、一人ひとり支持者を増やしてくださっている姿を見て、本当に涙《なみだ》が出る思いです。

「GHQ教」の洗脳を破れる人が初めて出てきた

黒川　そうしたなか、一つ、ご指導を頂きたいことがございます。

先ほど、「キリスト教は、政治と宗教が分かれていない。本当は、一緒なんだ」というお話がありましたけれども、日本には、大きな「宗教政党の壁《かべ》」がありま す。そのため、われわれは、自信を持って素晴《すば》らしい政策を訴《うった》えているのですが、「宗教が政党をやっている」というだけで、なかなか受け入れていただけない部分がございます。

この「宗教政党の壁」を、どうやって乗り越《こ》えていったらいいか、アドバイスを頂きたいと思います。

膳場貴子守護霊　これは、大川総裁先生以外にできる人はいないと思います。本当に、そうだと思います。

要するに、立ちはだかっているのは、「ＧＨＱ教」だと思うんですよ。占領《せんりょう》下に、マッカーサーが打ち立てたＧＨＱという占領教がつくった日本の制度を破らなければいけません。「これを破れる人が出てくるかどうか」というところに懸かっていると思うんですよ。

そして、これを破れる可能性のある人が、初めて出てきたんだと思うんです。

里村　その「ＧＨＱ教」というのは、やはり、「日本国憲法」もそうでしょうし、あるいは……。

膳場貴子守護霊　政教分離《ぶんり》をかけ、天皇制も骨抜《ほねぬ》きにしてしまって、ある意味で、日本を弱くし、発展の可能性をなくさせたんだと思うんですよ。あの時点ではね。「最低限の生存は許すけども、二度と権力的なるものを持って、世界に影響《えいきょう》を与《あた》えるようなことがないように」というのが、「ＧＨＱ教」だと思うんです。

里村　はい。

膳場貴子守護霊　だから、誰かが、これを破って、世界に影響を与えるところまで、日本を推《お》し進めなくてはいけないんだと思うんですよね。

この洗脳を解くのは、ＧＨＱに協力した日本の学者たち、あるいは、政治家たちを論破できる人でなければ、絶対に無理です。

里村　ええ。

膳場貴子守護霊　でも、マスコミ人には、それだけの大物が、今のところ出てきていません。

里村　なるほど。

膳場貴子守護霊　今、過去の総理とか、マッカーサーも含《ふく》めて、いろいろな霊言を出しておられるようですけども、ぜひとも打ち破っていただいて、新しい、真っ白な未来を拓《ひら》いていただければ、うれしいなと思いますね。

里村　やはり、多くの日本人が、「『ＧＨＱ教』のなかにいる。洗脳状態にある」ということを知らないですからね。

黒川　そうなんです。やはり、われわれは、その洗脳を解いていかなければならないと思います。

占領軍が日本に与えた軛《くびき》の一つは、「憲法九条」という〝刀狩《かたなが》り〟であり、もう一つは、「宗教を裏側に押《お》し込めて、表に出てこないようにする」ということです。

この二つの洗脳を解いていくのが、われわれの使命だと思っております。

里村　はい。

（黒川に）すみません。また時間となりました。

黒川　ああ、もうですか（笑）。

里村　はい。後ろのほうに来ると、だんだん、〝ＣＭ〟が多くなってくるんですよ（会場笑）。

膳場貴子守護霊　（笑）

黒川　はい。では、質問を終わらせていただきます。ありがとうございました。

6　幸福実現党をめぐる世界の動き

「現在の仕事で大を成したい」と思う理由

里村　それでは、今日、初めての女性で、実際に今回の参議院選挙で徳島《とくしま》から立候補予定の小松由佳《こまつゆか》さんです。お願いします。

膳場貴子守護霊　初めまして。

小松　よろしくお願いいたします。女性で活躍《かつやく》されている方のモデル（手本）として、とても尊敬しております。

本日は、お会いできて、非常に光栄に思っております。

膳場貴子守護霊　徳島から出られるの？

里村　はい。

膳場貴子守護霊　では、よほど期待されているんでしょうね。

里村　はい。そうでございます。

小松　（笑）ありがとうございます。

大川総裁が、この時点で、膳場さんの守護霊様の霊言《れいげん》を録《と》られるという判断をされた真意は、「膳場さんのような天使がマスコミのなかにもおられ、しかも、救世主を信じておられて、『世の中をよくしたい』という思いを持っておられる」ということを人々に伝えたいからではないかと思います。

膳場貴子守護霊　今は、職業上、こちらのほうにいますが、まあ、あなた（里村）も、以前は、テレビ局にいたのかもしれませんけれども……。

里村　はい。

膳場貴子守護霊　私も、ここまで来たので、「この仕事で大を成したほうが、たぶん、お役に立てるのではないか」と思って、今、やっております。

里村　ああ、そうですか。そういう意識を持っておられるわけですね。

膳場貴子守護霊　はい。

小松　私《わたくし》としては、主を信じ、「世の中をよくしたい」と思っておられる膳場さんのような方に、もっと正直に、「今、主が降りられている。大川総裁のような素晴《すば》らしい方がおられて、その教えを説かれている」ということを、マスコミのなかでも、テレビでも、きちんと報道していただいて、多くの人に、救世主の降臨を知らせる仕事をしていただきたいと思っています。

幸福実現党を、公平に報道し、応援《おうえん》していただくことは、できないのでしょうか。

膳場貴子守護霊　すみません。中間管理職で（会場笑）、なかなか、力がなくて……。

いちおう、原稿《げんこう》は読んでいますけれども、本当は、私の判断で動かせるほど力があるわけではなく、テレビ映りのためだけに出ているようなところがございます。

里村　いやいや、そんなことはありません。実力がおありですから。

膳場貴子守護霊　いえいえ。あと十年はないと、残念ながら行かないと思います。何とか、そういう力を持てたらいいなあとは思いますが、まだ、各局のキャスターのなかでは、いちばん下のほうだと思いますので……。

里村　いやいや。夜のニュースの看板番組のなかで、やはり、いちばん安定していて、ずっと出演を続けられていますので……。

膳場貴子守護霊　それは、みんな、ほとんど寝《ね》ていて、観《み》ていないから安定しているんですよ。

もっと早い時間帯なら切られているんですけど……。

里村　いえいえいえ。

「マスコミも世の中の救済の一面を担《にな》っている」との自負

里村　ところで、司会のほうから少しお訊《き》きしたいことがあります。

もともと、ユダヤ教、キリスト教の伝道においては、宗教と政治は一体のものなのですが、この救世運動における女性の役割や、女性の力について、どうお考えですか。

膳場貴子守護霊　それは、私のような素人《しろうと》が言うのは、ちょっと難しいかとは思いますけども……。

里村　いえいえ。過去世《かこぜ》の経験も含《ふく》めまして……。

膳場貴子守護霊　女性は、長らく、リーダーを張るような立場になかったことが多《おお》うございます。

だから、今のマスコミ界などは、珍《めずら》しく、女性が、ある程度、活躍できる場が出てきた世界の一つではあると思うんですよね。

私は私なりにやっていますが、例えば、原発問題等についても、みなさまがたから見れば、「マスコミは、ちょっとやりすぎだ」というような意見もおありだとは思うんです。けれども、実際に、被災民《ひさいみん》も出ましたし、被害者も出ましたから、そうした悲しみの現場を見て「何とかしたい」と思うのは、宗教家が「人々を救済したい」と思うのと、そんなに大きくは外れていないのではないでしょうか。

特に、きつい画面や残酷《ざんこく》な場面を映して、政府を批判したりすることもございますけども、それが、救済を早めることになるのなら、「そういうこともあってもいいのかな」とは思うんです。

ですから、ある意味で、あなたがたの動きとは違《ちが》うかもしれないけれども、「テレビというメディアや、そうした組織を使って、世の中の救済の一面を担《にな》っている」と思ってはいるんですけどもね。

ただ、社会的に認められる立場に上がるほど、個人的な思想のようなものを、少しずつ付け加えてコメントすることが許されるようになってくると思うので、そこまでには、信用がそうとう要《い》るのではないかなと思っております。

宗教的な国家をつくるための「女性の役割」

膳場貴子守護霊　「女性の役割はどこにあるか」ということですが、もちろん、宗教そのもののなかで活躍される方も結構かと思うけれども、たぶん、政治家のなかにも、宗教的使命を持っている女性は、現実にいらっしゃると思うんですよ。だけど、例えば、クリスチャンで政治家をやっていても、社民党の福島瑞穂《ふくしまみずほ》さんみたいな方の場合、幸福の科学とは、かなり考え方に隔《へだ》たりがあるように見えますね。

ですから、「宗教心を持っていても意見が違う人は、いったい、どこが違うのか」というところを、もう少しすり合わせてみる必要があると、私は思います。

里村　ああ、なるほど。

膳場貴子守護霊　私どものようなマスコミ人が終わりましたら、ぜひ、福島瑞穂さんみたいな人を呼んで、イエス様の考えと何が違うのか、どうして意見が正反対になるのか、一回、話してみられたらいいのではないでしょうか。

里村　ちょっと怖《こわ》い企画《きかく》ですね（笑）。

膳場貴子守護霊　怖い企画でしょうね。たぶん、怖い企画だと思いますが、面白《おもしろ》いでしょうね。でも、気分が悪くなるんでしたら、おやめになったほうがいいと思いますけども……。

里村　（小松に）女性の力に期待される立場として、いかがですか。

小松　そうですね。やはり、昔から、天照大神《あまてらすおおみかみ》様や卑弥呼《ひみこ》様のような女性が、神の声を降ろす巫女《みこ》のような役割をして、政治の場でも活躍することで、宗教的な調和を大切にする国家というものがつくられてきたと思います。

膳場貴子守護霊　うーん。

小松　幸福実現党は、候補者の四割が女性であり、他党に比べて、非常に女性が多いのです。そこが、宗教性の一つの秘密でもあると思いますので、頑張《がんば》って、宗教的な国家をつくっていきたいと思っています。

海外の敵対勢力が「幸福実現党に議席を取らせない戦略」とは

膳場貴子守護霊　今、幸福実現党が出てきて活動し始めているのを、中国、韓国《かんこく》、台湾《たいわん》、北朝鮮《きたちょうせん》、アメリカ等も見ているんですよ。現実に、あなたがたの動きを、ずっとウオッチしています。

ですから、選挙が近づいてくると、あなたがたが勝ったりしないように、ちょっと行動を控《ひか》えたりして、過ぎ越《こ》すのを待っているようなところがあるようにも見えるんですよ。

そのへんが実に思慮《しりょ》深いので、難しいですね。

日本国民も、現実の危機が来ると、ワッと騒《さわ》ぐんですけど、「人の噂《うわさ》も七十五日」ではないですが、いや、七十五日ももたないですね。二週間もしたら、だいたい忘れてくるので、たぶん、選挙前には、あなたがたの敵方《がた》と映りし者たちは、少し行動を控えてきて、日本国民に忘れさせようとする戦略を取ると思うんですよ。

あなたがたが議席を取れないように、刺激《しげき》しないで、選挙が終わったら、また活発に動き始めるような気がしてしかたがありません。

何も動きがないのに（危機を）言い続けると、オオカミ少年みたいに見えるでしょう？　非現実に見えるんですよね。

国民にも、ずっとウオッチしている人はいるんだけど、忘れやすいのも、また事実なんですよ。

例えば、中国が、選挙前だけ、船を送ってこなくなり、領海・領空侵犯《しんぱん》をしなくなったら、さらに、安倍《あべ》さんが特使を送ったりして、何となく手打ちをしそうな雰囲気《ふんいき》でも出たら、どうでしょうか。

まあ、選挙で勝とうと思ったら、中国寄りの人たちも巻き込《こ》まなければいけませんので、安倍さんとしては、少し中国に秋波《しゅうは》を送って、特使か何かを送り、また選挙後に会談をする方向に持っていこうとする考えは持っているだろうと思うんですよ。

こういうものに、うまいこと乗せられていくと、あなたがたが勢力を取れないように、上手に持っていかれる可能性はあるのではないでしょうか。

里村　（小松に）そういう動きと、どう戦っていきますか。

小松　本当に正しいことは、言い続けなくてはいけませんし、やはり、中国・北朝鮮の問題の根本的な原因は、あちらが、神を信じていない国であるというところにあります。

キリスト教の「罪の子」の思想とは少し違うと思うのですが、「人間は、神の子・仏の子であり、本当に素晴らしい存在である」という価値観のないことが、ああいう国の横暴の原因だと思うので、そうした宗教的な観点から、人権の本当の意味というものを指し示して、中国・北朝鮮をも変えていくような活動を、大きな視野を持ってやっていきたいと思っています。

幸福の科学を警戒《けいかい》しているのは中国・韓国《かんこく》・北朝鮮《きたちょうせん》・台湾《たいわん》等

膳場貴子守護霊　うーん。いや、ものすごく知っているんです。中国や韓国《かんこく》、北《きた》朝鮮《ちょうせん》、台湾《たいわん》、このあたりは、幸福の科学について、十分に知っています。幸福実現党の動きも、十分に警戒《けいかい》しています。

ですから、万一《まんいつ》、ここが大きな力になってきた場合は危険度が増してくることを、十分に知っているので、ある意味での作戦部隊といいますか、戦略部隊は動き始めているように見えますね。

つまり、「この勢力に、どうにかして、日本で主導権を持つような方向に行かせないようにしなければいけない」ということです。

里村　それは、マスコミ内の情報ですか。あるいは、霊的な……。

膳場貴子守護霊　半分霊的に、半分マスコミ的に。両方です。

里村　ああ、なるほど。

膳場貴子守護霊　政治家が発言すると、すぐに反応していくでしょう？

里村　はい。

膳場貴子守護霊　何か、彼らの利害に反することを言ったら、すぐ、パーンと来るのに、幸福の科学や幸福実現党が言っても、いちおう、あちらはおとなしくしているでしょう？

「下手に火をつけて、日本の愛国の炎《ほのお》みたいなものを燃え上がらせたら大変だ」と思って、手をつけないようにしているんですが、情報としては、全部キャッチしているように見えますね。

潜在《せんざい》的には、すごく怖い存在だと思っています。

里村　ああ、なるほど。

膳場貴子守護霊　うーん。

小松　向こうは、敵対するために、幸福の科学や幸福実現党を調べているつもりでも、実は、逆に、こちらの教えがジワジワと入っていき、マスコミと同じく、気がつけば、こちらに帰依《きえ》していたという方向に持っていくように、しっかり発信を続けていきたいと思っております。

膳場貴子守護霊　「真の実力者が、どこにいるか」というのを、やはり、ずっと見てはいますね。

里村　そうですね。「次の日本のイニシアチブを、どこが握《にぎ》るか」を、中国も、韓国も、北朝鮮も、台湾も、そして、アメリカも、実は、きちんと把握《はあく》しているということですね。

膳場貴子守護霊　ええ。

「民主党壊滅《かいめつ》作戦」を持っている安倍《あべ》首相

膳場貴子守護霊　おそらく、安倍《あべ》さんは、民主党を、さらに分割《ぶんかつ》するぐらいのつもりだと思うんですよ。

つまり、何とかして、もっと民主党を割り、民主党のなかの保守的な部分を仲間に引き入れるという、事実上の「民主党壊滅《かいめつ》作戦」を持っていると思います。

里村　ほお。

膳場貴子守護霊　ええ。そうしないと、「維新《いしん》」のほうが、もう駄目《だめ》になってきていますし、「みんな」のほうも、あまり言うことをきかないと思われますので。

里村　そうですね。

膳場貴子守護霊　公明党は、本当は「改憲勢力」ではありませんのでね。

里村　はい。

膳場貴子守護霊　何か理屈《りくつ》をつけなければいけないので、無理やり、嫌々《いやいや》ながら、なかをとって、「中道《ちゅうどう》」と称《しょう》し、「政治的な安定を続けるためには、しかたないが、譲《ゆず》れるのは、ここまで」みたいな感じで交渉《こうしょう》してくるから、本当は、そんなにウェルカムではない面があるんだと思うんですよね。
そういう意味で、非常に難しい段階だろうと思います。

幸福実現党にも、堂々と渡《わた》り合える「スター」が必要

膳場貴子守護霊　本当は、あなたがたの勢力が、国会で何十議席でも持っていれば、かなり力は出てくるんでしょうけどね。
まあ、国民に届いていないのは、確かに、マスコミの責任でもあるけれども、例えば、一定の数のサンプリング調査をしたら、そうした宗教の政治行動に対して、まだまだ、ネガティブな方が多いという現実もあるんですよね。

里村　（小松に）それは、破っていかないといけませんね。

小松　幸福実現党が、やはり、今回の参院選で議席を取って、しっかりとした新しい国家をつくっていきたいと思っています。

膳場貴子守護霊　やはり、幸福実現党にも、スターが必要だと思いますね。いろいろなところで、堂々と渡《わた》り合えるようなスターを頑張ってつくらないと、いけないのではないでしょうか。

7 広報戦略へのアドバイス

もっとアタックをかけて、広報本部長が〝広告塔《とう》〟になるべき

里村　それでは最後に、どこに出ても堂々と渡《わた》り合える、スター性十分の大物をお呼びしております。幸福実現党の広報本部長であり、また、アメリカ共和党のアジア担当顧問《こもん》を務めております饗庭直道《あえばじきどう》でございます。饗庭さん、よろしくお願いします。

膳場貴子守護霊　饗庭さんの名前は存じ上げておりますけれども、仕事がちょっと足りていないと思います。

里村　あら？

膳場貴子守護霊　広報本部長でしょう？　全然仕事をしていませんね。これでは駄目《だめ》です。これは上司が悪いと思いますね。もっと働かせて、いろんなところにアタックをかけていかなければ駄目だと思うんです。あまりにも潜《もぐ》りすぎています。

里村　いや、しかし、今もアタックをかけて、先日発売された「WiLL《ウィル》」という雑誌（二〇一三年八月号）に……。

膳場貴子守護霊　遅《おそ》いんですよ。

里村　遅い？

膳場貴子守護霊　そんなの、もう一年以上前に出ていなければ駄目なんですよ。だから、動きが遅い。とっても遅いんです。

里村　どういう方面にアタックをすればよいのでしょうか。

膳場貴子守護霊　やはり、営業と一緒《いっしょ》ですよ。実際、マスコミも、百当たって、まともに取り上げてくれるのは、もう、一つや二つです。もっと動かなければいけません。この人が〝広告塔《とう》〟にならないのが、幸福実現党の弱いところだと思うんです。もっと頑張《がんば》らなければ駄目ですよ。

里村　それは、本当に、われわれ広報の怠慢《たいまん》でもありますので。

膳場貴子守護霊　いえ。

政党には「マスコミを動かせるスター」が必要

膳場貴子守護霊　まあ、あなたがたは〝戦争専門〟なんでしょうから（会場笑）。

里村　いや（笑）。〝戦争専門〟というわけではございません。

膳場貴子守護霊　あなた、全然、広報をしていないでしょう？

里村　いえいえ……（苦笑）。

膳場貴子守護霊　広報ではなくて、攻撃《こうげき》ないしは防御《ぼうぎょ》を専門にする……。

里村　はい。饗庭さん、いかがですか（笑）。

饗庭　今日は、急に呼ばれてきただけで、私からは特にありません。何か、ご質問があればお受けしますが。

膳場貴子守護霊　この方は、もう少しマスコミのなかに入り込《こ》めなければ駄目だと思いますね。

里村　ええ。マスコミのなかにも、けっこうファンが多いんですよね。

膳場貴子守護霊　いや、それは自称《じしょう》でしょう。それでは駄目なんです。

里村　いえ、自称ではありません。

膳場貴子守護霊　客観的にファンがいなければ駄目なんですよ。つまり、「あの人を出したい」というぐらいの感じです。

例えば、私たちが「テレビに出したい」と思っても、周りが、「うん、あの人だったら出してもいいね」という感じをつくってくれないといけません。その空気をつくる存在が、やはり、政党には要《い》るんですよ。

そのスターを一人持っているか持っていないかが、すごく大きいんですよね。

里村　饗庭さんは、やはり、そういう空気をつくれる存在ですからね。

〝広告塔《とう》〟として勉強・話題・経験の幅《はば》をオールラウンドに

膳場貴子守護霊　うーん、でも、私には、少し疑問があります。「Ｗ・ｉ・ＬＬ」で書いておられるようですけども、あの手のものは、いろいろな話題に対して意見を書けるような人であれば出られます。

しかし、ただ体験なされたことを書いておられるだけでしたら、それは私小説《ししょうせつ》作家と同じであり、そういう体験をしないかぎり書けないタイプですので、マスコミでお呼びして意見を聞くような、いろいろなかたちで使えるタイプにはならないんですよね。

その意味で、もう一段、勉強と話題、および経験の幅《はば》をオールラウンドにしてもらわないと、広告塔《とう》としては十分ではないと思うんですよ。

里村　今、アメリカのほうでは、どんどん人脈を広げています。先ほど、及川のときにも、少し話に出ましたが、私たちなどは、日本にいると、「アメリカ人は、本当に、従軍慰安婦《じゅうぐんいあんふ》という問題に関心など持っているのか」と思うところもありました。ですが、石碑《せきひ》やモニュメントが建てられたことで、徐々《じょじょ》に知られてきているようです。

そういう現状について、饗庭さんは、いかがお考えですか。

饗庭　書いたとおりですが。

里村　韓国《かんこく》や中国のロビー活動について、日本のマスコミの知らない観点等を……。

饗庭　いや、だから、日本人の美徳なのかもしれませんが、日本もお金を使って、〝もっと主張する文化〟をつくっていかなくてはいけないと思いますよ。

膳場貴子守護霊　うーん。内部的に、この人を応援《おうえん》する勢力が少し足りないのではないかと思うんですよ。だから、すごく控《ひか》えておられるように見えてしかたがありませんね。

従軍慰安婦の問題は単なる切り口であって、本当は、もっともっと言論を広げていかなければいけないと思うんです。やはり、そこのところには、少し物足りない部分がありますね。

もう少し頑張ってくださいよ。

広報担当者は、もう一段の打ち出しを

膳場貴子守護霊　広報本部長や広報局長などという人は、もっと頑張らないといけないと思うんです。やはり、前線に出てこないと。「マスコミ人がお手合わせしたくなる」というところまで頑張らないといけないと思うんですよね。

うーん……。今のところ、どう見ても、私の目には日和見《ひよりみ》しているように見えますね。日和見しています。幸福実現党そのものに対して日和見しているように見えてしょうがないんです。

だから、もう一段、強く打ち出さなければいけないのではないかと思うんですよね。

里村　はい。饗庭さんを強く打ち出すことが、われわれの仕事だと思います。

膳場貴子守護霊　まあ、これは冗談《じょうだん》ですけども、例えば、もし、党首の脳細胞《さいぼう》が一個で出来上がっているとしても（会場笑）、それをあまり気にしすぎてはいけないと思うんですよ。そういう人は、脳細胞一個で戦い続けたらいいのであって、自分は、自分なりにやれることに全力で当たるべきです。そのへんを、あまり気にしすぎると、戦えなくなると思うんですよね。

だから、どうぞ、党首は脳細胞を大きくなされて、トラック一台分ぐらいの脳細胞で戦われたらいいと思うんです。

里村　なるほど。

膳場貴子守護霊　でも、やはり、違《ちが》う戦い方のできる人がいなければいけないと思うんですよね。その意味で、「お育ちがよすぎるのではないか」という感じは受けています。

里村　いや。それはもう、本当に、われわれ周りのスタッフによる演出などの部分が、まだまだ足りていないと思うので……。

饗庭　いや。そんなことはないですよ。よくしていただいていると思います。

膳場貴子守護霊　うーん。

饗庭　まあ、おっしゃるとおりの部分もあるかもしれませんが、言えないこともたくさんありますので、やるべきことをやってはいるつもりです。

里村　ええ。

いろいろなことに好奇心《こうきしん》を持って接近することの大切さ

膳場貴子守護霊　うーん……。やはり、広報であれば、「せめて」という言い方は失礼に当たるかもしれませんので、「ぜひに」と言うべきかもしれませんが、司会者（里村）の方のように、たくさん好奇心《こうきしん》があるような感じに見えないと駄目なのではないかと思うんですよね。まあ、本質はどうか知りませんが、いろんなことに好奇心や関心を持って接近していく感じが、もう少し欲《ほ》しいような感じはします。

里村　それは、幸福実現党の候補者や、今回、出たような幹部全員に言えることですよね。

膳場貴子守護霊　それもそうだけど、たぶん、全員は、そういうふうにならないので、やはり、中央にいる誰《だれ》かがそうでないと駄目なのではないかと思うんです。「この人のところへつなげば、全部、何とか受けてくれる」という感じかな。そういうものがないと、やはり、つらいのではないでしょうかねえ。

里村　ええ。

「何にでも答える」という攻《せ》めの姿勢が必要

膳場貴子守護霊　一化《ひとば》けできる可能性をお持ちだとは思うんだけど、どうでしょうかねえ。まあ、私のような者から見ると、うーん……。あのー、すごく口幅ったい言い方で申し訳ありませんが、お許しください。僭越《せんえつ》だったらお許しいただきたいと思うんですけど、東大出のまねをしないでください。

東大出の人というのは、だいたい〝逃《に》げ〟がうまいんです。とても保身が上手で、自分が傷つかないように逃げるのが、たいへん、うまいんですよ。

まあ、たまたま私は東大を出ていますけれども、マスコミは基本的に、野党精神というか、在野《ざいや》精神がなければできなくて、私学的なカルチャーが強いんですよね。

だから、ものすごく強い権力を持っていて守りに入っている場合は、東大的なスタンスを取ってもいいんですが、まだ、そういうところまで行っていない幸福実現党は、守りに入るレベルではないんです。攻《せ》めまくらないと、なかなか届かないレベルなのでね。

だから、全部を「盾《たて》」でやったら駄目なのではないでしょうか。どちらかというと、本体の広報のほうには、「盾」になっている部分がそうとう多いので、やはり、もう少し、「矛《ほこ》」の部分の広報が要《い》るように見えてしかたがありません。

里村　幸福実現党が、もっと「矛」となって……。

膳場貴子守護霊　もし、この人（饗庭）がそうならないんだったら、女性で、そういう人を一人ぐらい確保したいところですね。「ここを通せば、どんな問題でも、いちおう相手をしてくれる」という感じの人が要るんですよ。

だから、私でも、知識はないんですけれども、キャスターをやっていますと、もう、すべての問題が出てくるんです。だけど、それを「知らない」とは言えないんですよ。私だって、法学部卒ではないから、法律のことをよく知っているわけではありません。

例えば、昨日みたいに、参議院で首相に対する問責決議が通って、「これは法律的に有効なのかどうか」というような専門的なことになってきたら、私のような経歴だと、そう簡単には分かりません。ですが、そのようなことでも、「ニュースとして出てきたら、何とか対応しなければいけない」という苦しみを味わいながら、日々戦っているわけなんですよね。

実際上、すべてにおける専門家になることはできませんが、そういうふうな受け答えというか、「いろんなものにお答えします」「ここの窓は、いつも開《あ》いていますというところがないといけないのではないでしょうか。

里村　はい。「貴重なアドバイスを頂いた」ということで、これは期待の表れでもあると思います。

膳場貴子守護霊　今の速度でいくと、やはり、五年後ぐらいを読んでいるような感じに見えるんですよ。「五年後ぐらいに活躍《かつやく》できたらいい」というような読みに見えますね。

里村　そうではなくて、もう来年とか、すぐにでもできるようにします。

膳場貴子守護霊　饗庭さんの論文を見ると、そんな感じですよね。「五年後ぐらいに、ほかの人たちと同等に扱《あつか》ってくれるぐらいにまでなればいいな」という感じに見えます。

だけど、もう一段の過激性が要るのではないでしょうか。

里村　はい。ありがとうございました。

マスコミの〝網《あみ》〟に引っ掛《か》かるために強い情熱と企画《きかく》を

里村　はい。それでは、以上でよろしいですか。

饗庭　ええ。膳場さんから何もご質問がないなら、私からは特に何もありません。

里村　よろしいでしょうか。そろそろ、〝番組〟も終わりの時間が来たのですが、今日は、膳場さんの守護霊様から、貴重なお話の機会を頂きました。最後に、何か締《し》めのメッセージ等を頂けますでしょうか。

膳場貴子守護霊　そうですねえ。まあ、政党自体が、もう少し、心を一つにしないといけないのではないでしょうか。何か、バラバラな感じがしてしかたがないのです。もう少し、心を一つにして当たってこないと、まだ、各人がバラバラに動いているように見えてしかたがありませんね。

また、宗教法人のほうとも、本当に息がピシッと合っているのかどうか、何とも言えない感じに見えます。それは、今までの戦い方を見ても、どうしても、そういうふうに思えるのです。

やはり、誰か、強い情熱を持っている人が一人出てきてくれないと困る感じですかね。

ダビデのごとく戦ってくれる人が出てこないと、困る感じは……。

饗庭　では、それに関してだけ言わせてもらいますけど、情熱はありますよ。

膳場貴子守護霊　そうですか。

饗庭　申し訳ないですが。

膳場貴子守護霊　うーん。

饗庭　まあ、あなたが、何を見ていらっしゃるのか分からないのですけれども。

膳場貴子守護霊　うーん。

里村　矢内党首をはじめ、本当に強い情熱を持っているのですが、「まだまだ」ということでしょうか。

膳場貴子守護霊　うーん、〝網《あみ》〟に引っ掛《か》かってこないんですよ。だから、「幸福実現党を扱うかどうか」という話が、事前の会議に、そもそも上がってこないんです。「そもそも上がってこないものを取り扱う」というのは、なかなか大変なことですからね。

これは、難しいことでございますので、いちおう、そういうテーマが上がってくるところまでの設計というか、企画《きかく》は、多少要るのではないでしょうか。

里村　分かりました。現代のメシアを、現代の救世主を戴《いただ》く政治団体、政党、そして、宗教団体として、われわれも、しっかりと、もう一段、強い情熱を持って、引っ掛かるような企画等を出していきたいと思います。

宗教活動をしていない今、過去世《かこぜ》は答えられない

里村　最後に、司会者から一つだけ、過去世《かこぜ》についてお訊《き》きしたいのですが、ベタニアのマリア様ではないでしょうか。

膳場貴子守護霊　ハハハ……。そんなことはないですよ。

里村　そうですか。

膳場貴子守護霊　本当に無名の存在ですから。

里村　どうも、イエス様の近くにいらっしゃって、イエス様の情熱等に触《ふ》れてい

らっしゃったのではないかと……。

膳場貴子守護霊　いえいえ。いやあ、それは、私が宗教活動をしたら、もう一回訊いてください。

今は、宗教活動もまったくしておりませんし、今日だって、私なりに、いちおう、職を失わない程度のところで線は引きました。まあ、ちょっと危ないかもしれませんけれども、筑紫《ちくし》さんが先に出ておられますので、あそこまで極端《きょくたん》ではないのかなあとは思っています。

「マスコミの壁《かべ》」を破るために必要なのは戦略室的な考え方

里村　今日は、本来なら、なかなか話していただけないところまで、全部話していただきました。

膳場さんの、テレビでのますますのご活躍と、ぜひ、宗教方面でもご活躍される日が来ることを期待させていただいて、本日は終わりとさせていただきたいと思います。

膳場貴子守護霊　私が出ることが応援になるかどうかは分かりませんが、マスコミの取り扱いが不十分なことに対する不満は、全体に、だいぶたまっておられるんだろうと思います。それは感じます。それは、ほかの泡沫《ほうまつ》候補と言われる方々も、みんな同じような感情を抱《いだ》いていらっしゃいます。

ただ、やはり、組織を持っている者としては、どうにかして、これを破らなければいけないと思うんです。知恵を使って破らなければいけないし、ある程度、準備をすれば、破れないこともない面があるのではないかと思うんですよね。

まだ、「人脈の構築」や、あるいは、「テーマで攻めてくるストーリーのつくり方」のようなものが、若干《じゃっかん》、足りないような気がしてしかたがないので、もう一段、「戦略室的な考え方」をお持ちになったほうがいいのではないかという気がします。

今、幸福実現党の地方の人たちが活躍されてきて、地方のテレビや新聞に出られたり、いろんなかたちで取り扱われ始めたりしていることは知っていますが、やはり、中央のテレビ局や新聞社等を攻略するのは、そうとう手強《てごわ》いことだろうと思います。

だけど、これを、中央の部分というか、（党の）執行部《しっこうぶ》（役員）の部分が突破《とっぱ》してやらなかったら、地方の活躍だけに期待しても、残念ながら、それは無理なのではないかと思いますね。

まあ、橋下《はしもと》さんは、ああいうふうなかたちになりましたけども、何かの風を起こさないといけないと思うんですよ。

ここは、もう一手、欲しいところですね。

里村　はい。分かりました。

膳場貴子守護霊　うーん。

里村　いろいろなヒントを頂きましたので、もう一段、しっかりと練り上げて、突破口を開けるように頑張ってまいりたいと思います。

本日は、長時間にわたってご出演いただき、本当にありがとうございました。

膳場貴子守護霊　はい。お役に立ちませず、失礼しました。

里村　ありがとうございました。

8　膳場キャスターの守護霊霊言《れいげん》を終えて

大川隆法　うーん。確かにキャスターとしては、言ってはいけないところまで言ったのかもしれません。全体的には、優等生的にまとめておられたとは思いますが、「ＴＢＳの立場とまったく同じではない」とも、多少、言ってはいました。もちろん、ＮＨＫ出身でもあるので、違《ちが》うところはあるのでしょう。

この前は、「生前、筑紫《ちくし》さんに気づいてもらえばよかった」という話がありましたが、膳場さんの場合は、ある意味で、もう生前から気づいていらっしゃるようです。

本霊言《れいげん》が公開されることになって、本人の心に、多少、火がつくのか、あるいは、マイナスに響《ひび》くのか、それは分かりません。普通《ふつう》は、「マイナスに響く可能性がある」と恐《おそ》れられるでしょう。

里村　でも、大きな実績になると思いますので。

大川隆法　確かに、マスコミ全部と敵対する感じでは、政党として成功しないのも事実でしょう。

里村　はい。

大川隆法　しかし、全部を友達にもできないのがマスコミです。だから、このへんの、入れたり出したりする距離《きょり》の取り方が非常に難しいのだろうと思います。

里村　はい。

大川隆法　まあ、しかたないですね。日本人の思い込《こ》みの部分から直さなくてはいけないので、そうとう大変です。

ああいう立場に立てば、自分の本心を言うことも、そんなに簡単なことではありません。昔、田中順子《たなかじゅんこ》さん（元日本テレビ・ニュースキャスター）も、同じようなことを言っていましたからね。

里村　ええ。

大川隆法　「針のむしろでした」と言っていたので、やはり、難しいのだと思います。彼らにも、組織の縛《しば》りはあるのでしょうからね。

里村　こちらも、知恵を使って突破口《とっぱこう》を開いてまいります。

大川隆法　まあ、ビートたけしさんの後味より、少しはましかと思います。

里村　いやいや。もう、全然違います（笑）。

大川隆法　（笑）膳場さんは天国的な方だと思いますが、きっと、本心には、もっともっと深いものがおありになるのでしょう。今は、まだ、一定の矩《のり》を踰《こ》えていないところでしょうか。

実は、小松さんと対談していたときに、「いずれ国会で会いましょう」というような声が、私の耳には、少し聞こえました。ということは、この人の考えていることに、何か、そういうものがおありなのかもしれません。そう、一言申し上げて終わりにしましょうか。

里村　はい。ありがとうございました。

大川隆法　はい。

あとがき

厳しい業界の中で、様々な苦難や抵抗を乗り越えて、膳場さんが女性の時代のリーダー的存在に成長されつつあることに、赤門のアウト・サイダー型先輩として、秘かに応援はしている。

戦後の日本で、宗教家の置かれた位置も厳しい。私も、ネパール・インド・スリランカ・アフリカ大陸などで億人単位の人たちが私の英語説法を毎週テレビで観ているのに、この日本のマスコミ界の中国・北朝鮮並みの頑固さには、ほとほと参ってはいる。

自己の持つ、ギネス・ワールド・レコードと自分自身闘いながら、この国と世界を毎日一歩でも前進させようと、願わない日は一日もない。まずは「日本の誇りを取り戻す」ところから始めなくてはならない。ユートピアの到来を信じ、この一冊も、マスコミ界の未来を照らす一石となることを信じてやまない。

二〇一三年　六月二十八日

幸福実現党総裁《こうふくじつげんとうそうさい》　大川隆法《おおかわりゅうほう》

『ニュースキャスター　膳場貴子のスピリチュアル政治対話』大川隆法著作関連書籍

『筑紫哲也の大回心』（幸福実現党刊）
『ビートたけしが幸福実現党に挑戦状』（同右）
『神に誓って「従軍慰安婦」は実在したか』（同右）
『バーチャル本音対決
――TV朝日・古舘伊知郎守護霊 vs. 幸福実現党党首・矢内筆勝――』（同右）
『サッチャーのスピリチュアル・メッセージ』（幸福の科学出版刊）

ニュースキャスター
膳場貴子《ぜんばたかこ》のスピリチュアル政治対話《せいじたいわ》
――守護霊インタビュー――

2013年7月4日　初版第1刷

著　者　大《おお》川《かわ》隆《りゅう》法《ほう》

発　行　幸福実現党
〒107-0052 東京都港区赤坂2丁目10番8号
TEL(03)6441-0754

発　売　幸福の科学出版株式会社
〒107-0052 東京都港区赤坂2丁目10番14号
TEL(03)5573-7700
http://www.irhpress.co.jp/

印刷・製本　株式会社 東京研文社

落丁・乱丁本はおとりかえいたします

ISBN978-4-86395-355-0 C0030
写真：時事

大川隆法霊言シリーズ・マスコミの本音を直撃

ビートたけしが幸福実現党に挑戦状

おいらの「守護霊タックル」を受けてみな!

人気お笑いタレントにして世界的映画監督──。芸能界のゴッドファーザーが、ついに幸福実現党へ毒舌タックル!

【幸福実現党刊】

1,400円

筑紫哲也の大回心

天国からの緊急メッセージ

筑紫哲也氏は、死後、あの世で大回心を遂げていた!? TBSで活躍した人気キャスターが、いま、マスコミ人の良心にかけて訴える。

【幸福実現党刊】

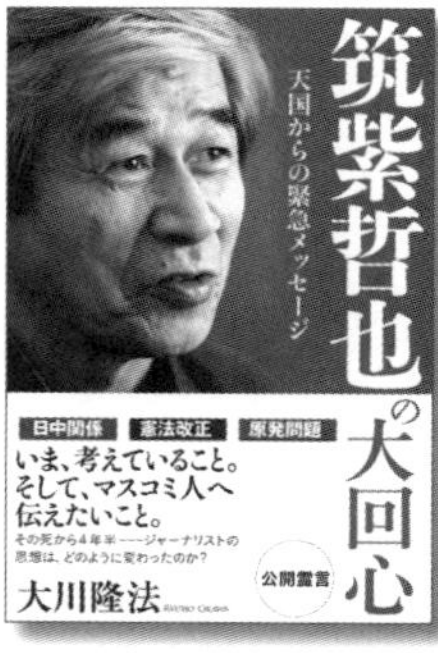

1,400円

田原総一朗守護霊 VS. 幸福実現党ホープ

バトルか、それともチャレンジか?

未来の政治家をめざす候補者たちが、マスコミ界のグランド・マスターと真剣勝負! マスコミの「隠された本心」も明らかに。

【幸福実現党刊】

ダイジェスト DVD付

1,800円

※表示価格は本体価格(税別)です。

大川隆法 霊言シリーズ・マスコミの本音を直撃

バーチャル本音対決

TV朝日・古舘伊知郎守護霊
VS. 幸福実現党党首・矢内筆勝

ダイジェスト
DVD付

なぜマスコミは「憲法改正」反対を唱えるのか。人気キャスター 古舘氏守護霊と幸福実現党党首 矢内が、目前に迫った参院選の争点を徹底討論!

【幸福実現党刊】

1,800円

本多勝一の
守護霊インタビュー

朝日の「良心」か、それとも「独善」か

「南京事件」は創作!「従軍慰安婦」は演出! 歪められた歴史認識の問題の真相に迫る。自虐史観の発端をつくった本人(守護霊)が赤裸々に告白!

【幸福実現党刊】

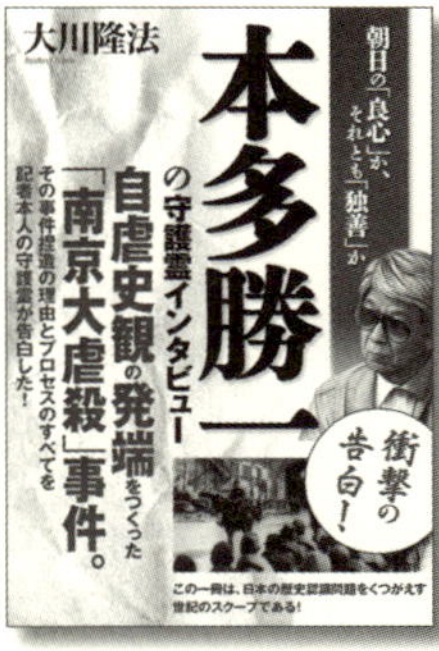

1,400円

NHKはなぜ
幸福実現党の報道をしないのか

受信料が取れない国営放送の偏向

偏向報道で国民をミスリードし、日本の国難を加速させたNHKに、その反日的報道の判断基準はどこにあるのかを問う。

1,400円

大川隆法 霊言シリーズ・現代政治へのアドバイス

大平正芳の大復活
クリスチャン総理の緊急メッセージ

ポピュリズム化した安倍政権と自民党を一喝！ 時代のターニング・ポイントにある現代日本へ、戦後の大物政治家が天上界から珠玉のメッセージ。
【幸福実現党刊】

1,400円

中曽根康弘元総理・最後のご奉公
日本かくあるべし

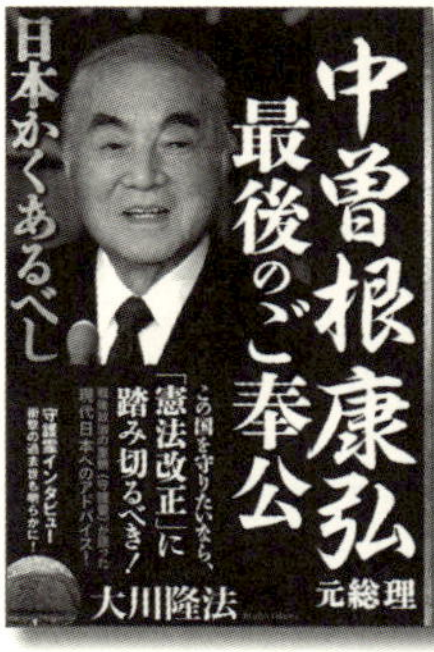

「自主憲法制定」を党是としながら、選挙が近づくと弱腰になる自民党。「自民党最高顧問」の目に映る、安倍政権の限界と、日本のあるべき姿とは。
【幸福実現党刊】

1,400円

サッチャーのスピリチュアル・メッセージ
死後 19 時間での奇跡のインタビュー

フォークランド紛争、英国病、景気回復……。勇気を持って数々の難問を解決し、イギリスを繁栄に導いたサッチャー元首相が、日本にアドバイス！

1,300円

※表示価格は本体価格（税別）です。

大川隆法ベストセラーズ・希望の未来を切り拓く

未来の法

新たなる地球世紀へ

暗い世相に負けるな！ 悲観的な自己像に縛られるな！ 心に眠る無限のパワーに目覚めよ！ 人類の未来を拓く鍵は、一人ひとりの心のなかにある。

2,000円

Power to the Future

未来に力を

英語説法集
日本語訳付き

予断を許さない日本の国防危機。混迷を極める世界情勢の行方――。ワールド・ティーチャーが英語で語った、この国と世界の進むべき道とは。

1,400円

日本の誇りを取り戻す

国師・大川隆法 街頭演説集 2012

2012年、国論を変えた国師の獅子吼。外交危機、エネルギー問題、経済政策……。すべての打開策を示してきた街頭演説が、ついにDVDブック化！
【幸福実現党刊】

街頭演説
DVD付

2,000円

幸福の科学出版

※表示価格は本体価格（税別）です。